余绍宋研究（第一辑）

刘恩聪 编

浙江工商大学出版社
ZHEJIANG GONGSHANG UNIVERSITY PRESS
·杭州·

《龙游文库（2019）》编纂委员会

余绍宋

总序一

　　早就听说龙游是一个历史悠久的古县，有着深厚的文化积淀。到龙游工作后，随着了解的深入，我对这个城市有了深刻的印象。这里有将近一万年前人类生活的遗址；春秋时期是姑蔑国的中心区域，现在的县城就是当时的姑蔑城所在；秦始皇统一六国之后，在姑蔑地建大末县，成为浙江省境内最早设立的县治之一，屈指一数，建县历史已有 2200 多年。

　　历史悠久，文化积淀当然丰厚：一大批凝聚着龙游人民智慧和汗水的地方戏曲、民间舞蹈、匠作工艺、民俗饮食等地方文化结晶，演绎了独具魅力的龙游区域文化。千古之谜龙游石窟，为龙游一方故土增添了神秘色彩。龙游民居苑古建筑，见证着龙游商帮的历史荣耀，讴歌了"无远弗届"的创业精神，谱写了"遍地龙游"的千古佳话。傍着县城东流的衢江，曾是历史上的一条交通干线，有不少骚人墨客，受龙游山水风光的感染而写下锦词丽句，使得这段水道成了历史上又一条"唐诗之路"。2018 年，更有建于元代的姜席堰入选世界灌溉工程遗产，再一次证明了龙游人民改造自然的优良传统和不凡的创造能力，成为龙游地方文化的又一张"金名片"。当我在加拿大萨斯卡通现场接过"世界灌溉工程遗产"牌匾之际，一种自豪感油然而生，我为龙游骄傲，为龙游人民骄傲。

　　龙游的历史上，曾有《文心雕龙》的作者刘勰、"初唐四杰"之一的杨炯、抗金名将宗泽等在此任地方官，也涌现出不少出生龙游、名载史籍的文化名人，如南朝以"箬叶学书"传为佳话的学者徐伯珍、唐代诗人徐安贞、宋代"南渡名宰"余端礼、元代天文奇才赵友钦、明代天台宗师释传灯、近代方志学家余绍宋、革命战士兼学者的华岗等，为我们留下宝贵的精神财富。更有无数龙游先贤撰著了一批儒学、宗教、天文、历史、医学、工器、类书等方面的著作，创作了大量立意深远、讴歌家乡山水风光的诗词歌赋。这一切，为这片古老大地赢得了"儒风甲于一郡"的美誉，既是无比珍贵的文化遗产，也是我们回顾历史、开展地方文化研究的水之源、木之本。由于时空更迭、沧海桑田，不少珍贵的文化遗产已湮没在历史的尘埃之中，留存至今的也被深藏于国内外各图书馆的善本书库之中，在我们龙游，反而是难以寻觅了。

文化是一个地方的血脉渊源和精神家园，为此我们遵循党的十九大精神，本着传承优秀文化，增强文化软实力的初衷，启动了龙游文库文化工程。一方面是通过历史文献的整理重印，让这些古籍回到家乡，使龙游百姓和后代子孙得以亲睹先贤著作，使尘封已久的文化瑰宝为现实的生产建设提供丰富的精神食粮，使人民看得见历史、记得住乡愁。我们通过影印本的形式，在国家图书馆出版社的支持下，《龙游历史文献集成》8函74册古籍已于2017年得以重印出版。另一方面，一些比较重要的前贤诗文集和各种旧县志，为了方便大家阅读，县史志办公室进行点校整理，由中华书局出版发行。

文化需要传承，更需要创新。龙游文库文化工程的历史文化研究系列，重点围绕新时代改革发展的大环境，编著出版一批新的地方文化著述，以新视野、新观点、新角度，赋予龙游地方文化新的内涵。通过梳理完善，将原先分散的文化亮点串连起来，使龙游的文脉更加完整更加清晰，从而发挥整体效应和时代效应，紧密结合社会主义核心价值体系建设，坚定发展信念，为全县经济社会科学发展注入新的活力，凝聚更多文化认同，汇聚更大精神力量。

习近平总书记说："坚定文化自信，离不开对中华民族历史的认知和运用。历史是一面镜子，从历史中，我们能够更好看清世界、参透生活、认识自己；历史也是一位智者，同历史对话，我们能够更好认识过去、把握当下、面向未来"。我相信，通过《龙游文库》

这个载体，对龙游地方文化全面、系统、扎实的整理和研究，必将有效提升龙游文化软实力，助力区域明珠型城市建设，为全面建设"活力新衢州、美丽大花园"做出贡献。对此，我愿与各方关注龙游文化的有识之士共勉。是为序。

中共龙游县委书记 刘晓姿

2019 年 1 月 18 日

总序二

龙游，历史悠久、人文荟萃，素有"姑蔑故都、万年文明"之誉。源远流长的历史，留下了丰厚的文化积淀。从史前文化到古代文明，从近代变革到当代发展，龙游历经千百年的传承与创新，形成了具有鲜明龙游特色、深厚历史底蕴、丰富思想内涵的龙游商帮、姜席堰等一批地域文化，这是龙游人民共同创造的物质财富和精神财富的结晶，是龙游文化发展的动力和源泉。

习近平总书记曾指出："从区域文化入手，对一地文化的历史和现状展开全面、系统、扎实、有序的研究，一方面可以借此梳理和弘扬当地的历史传统和文化资料，繁荣和丰富当代的先进文化建设活动，规划和指导未来的文化发展蓝图，增强文化软实力，为全面建设小康社会、加快推进社会主义现代化提供思想保证、精神动力、智力支持和舆论力量；另一方面，这也是深入了解中国文化、研究中国文化、发展中国文化、创新中国文化的重要途径之一。"我们今天实施龙游文库的编撰工作，其目的和意义也在于此。

如何让龙游历史文化的深厚底蕴、优良传统为当代所用，为县域发展服务，这是历史传承给我们的一项艰巨任务，也是历史赋予我们的一项神圣使命。在这件工作上，时代是出卷人，我们是答卷人，人民是阅卷人。2014 年，龙游文库编写工作正式启动，它将深藏于国内外各图书馆中涉及龙游历史的古籍进行收集、整理，或影印，或点校，采用适合当代人阅读的方式进行系统出版，此为文献整理；同时又组织县内外的专家学者，对历史文化中的重点领域进行课题式研究，此为专著编撰。

这两大类书籍的出版，必将丰富、发展龙游文化的外延，进一步增强龙游文化的创新能力、整体实力、综合竞争力，发挥文化在促进龙游经济、政治和社会建设中的作用，这是当今龙游人的文化自觉和责任担当，具有重要的现实意义和深远的历史意义。

文章合而时为作。《龙游文库》的编撰，是对龙游区域文化历史和全景风貌的展示，既能让人看到文化发展脉络的延续，同时也能让人感受到它的发展方向，因此，文库在史料性、知识性、学术性、创新性、时代性、可读性等方面都要有所体现，其编撰难度可想而知。我来龙游后，抽空也认真阅读了一些有关龙游历史文化的书籍，真切地感受到大家对龙游文化的热爱，以及编写者对历史的高度负责态度和严谨学术精神。正是有这样一批辛勤奉献的文化人，才使龙游的历史文化得以精彩地展现，也正是有史志办等相关部门的共同努力，才会使龙游文库变得更加厚重丰实。当然，总体来说我们的研究还刚刚起步，面对万年龙游的深厚积淀，还需要一个持续、长远的坚持。同时，也由于研究力量相对薄弱，完成时间相对紧张，一些作品中难免还有一些失漏、讹误等遗憾。对于这些问题，也希望广大学者和读者能够批评指正。相信，随着研究力量的增强和研究水平的提升，龙游文库的作品一定会越来越好。

当前，龙游文化建设正站在一个新的历史起点上，面临千载难逢的机遇，也面临十分严峻的挑战。如何抓住机遇，迎接挑战，始终保持龙游文化旺盛的生命力，真正走在衢州乃至全省的前列，力争上游，是需要我们认真研究、不断探索的重大课题。我们要以习近平新时代中国特色社会主义思想为指导，以更深刻的认识、更开阔的思路、更有力的措施，大力推进龙游文库研究工程，努力实现在文史研究上"多作贡献、走在前列、当好表率"。

奋斗创造幸福，实干成就梦想。我们期待有更多的优秀成果问世，以展示龙游文化的实力，使龙游文化强县建设更上一个新的台阶。

中共龙游县委副书记
龙游县人民政府县长　　韩东雄

2019 年 1 月 18 日

编辑说明

余绍宋（1883—1949 年），浙江龙游人，字越园，早年曾用樾园、粤来、觉庵、觉道人、映碧主人、宣南寓公等别名，四十六岁后更号寒柯。1906 年赴日本留学，先学铁道，后改学法政。1910 年日本东京法政大学毕业后回国，以法律科举人授外务部主事。民国初任职司法部，历任佥事、参事、司法次长等职。1942 年任浙江省史料征集委员会主任委员，次年任浙江省通志馆馆长，主持重修《浙江通志》。余绍宋是著名的学者和书画家，在书画艺术、书画理论、方志学、目录学和法学等多方面都有杰出的成就。2001 年入选浙江省社科院"浙江文化名人传记丛书"，成为浙江省古今百位文化名人之一。

乡贤文化是一个地域的精神文化标记，是连接故土、维系乡情的精神纽带，是探寻文化血脉、张扬固有文化传统的精神原动力。根据"龙游文库"的总体安排，余绍宋作为龙游乡贤的代表人物，自然是"历史文化研究系列"收录的首选。《余绍宋研究》文集的出版，为龙游乡贤文化的薪火传承做了一次有益的尝试和探索。

《余绍宋研究》第一辑，侧重于回忆性文集，收录的是余绍宋生前好友、亲人的回忆、怀念文章，以及《龙游余君墓志铭》和《余绍宋大事年表》等附录内容。编排中以作者年齿为序，选录的文章均注明出处，辑编者必要的说明则以圆括号标出。

注重文字的规范化，书中所录文章，通假字、异体字等均以《现代汉语词典》中的首选字为准。

《余绍宋研究》早在 2016 年便已开始选编工作，先后时间较长，至

2020 年编定出版。主观上本着高度负责的态度，但由于编者水平有限，难免有疏漏、讹误等缺憾，对此，恳请各方专家与读者批评指正。

编　者

2020 年 10 月

目　　录

余庐谈往

——余(越园)林(宰平)交谊特述

梁敬錞

阮毅成先生尝著《彼岸》一书,记及其世丈余绍宋(越园)先生之事迹。又将越园先生之寒柯堂诗、文、词、金石、书画,与志乘编例,重加刊印,并附诗跋。在记文中,提及"余庐",亦提及余庐当时之宾客,且列贱名,其原文略如下:

> 越老在北京的时期,卜居于宣武门外西砖胡同五号,题名曰余庐。每届星期午间,备美酒佳肴,款待画画谈诗的文友,互相交谈,饭后各散。经常参加的,有他的绘画老师汤定之先生及林宰平(志钧)、刘崧生(崇佑)、凌砺深(士钧)、胡子贤(祥麟)、王梦白与梁和钧(敬錞)诸人,姚茫父亦有时与会。越老每次对客挥毫,林宰平先生正在学画,却不肯轻易示人。

在《寒柯堂诗》卷中,毅成先生发现余、林交谊宜非寻常,但于宰平先生之事略,及其与越园之交游踪迹,未尽明悉。以予与宰平为至亲(予二姊适宰平),又曾躬与余庐画集,遂嘱记其故实,以彰文史。予义不获已,乃作是篇。

按余庐画集,殆始于民国三年,初由越园先生约司法界至好,并于书画有兴趣或造诣者六七人,于尊奉汤定之先生画法之号召下,在西砖胡同余庐聚集,月一二次。每届会期,汤先生自携画笔到后,即在庐之东厢展纸挥毫,众人或围观,或杂坐,或叩笔法、讲墨色、论掌故,自诗词金石篆刻以及书画,咸作谈资,而不臧否时政。及午,主人出酒馔待客,醉饱各散,不迎不送,月以为常。经常参加者,宰平、子贤、砺深与徐心庵,皆其时司法界人物。予民国六年,始入司法部,既不习画,又较后进,特以气类相投,所居密迩(予时寓七井胡同,距西砖胡同只一街之隔),又与越园、子贤有文字之契,遂亦常参斯集,食客而已,不敢云画侣也。

民国四、五年间,春明谈画事者必推林琴南(纾)、武进之陶宝泉、江西之陈师曾、贵州之姚茫父,及金拱北、齐白石、凌植支等,亦皆有名。而吾侪独奉汤定之,盖定之为汤雨生先生之后人,雨生画品高,死事烈,当时法界最讲风节,记林宰平有题雨生先生手写诗卷云"人岂能无死;如公遇独奇……,咸熙宜有后,小米是吾师"之句,咸熙用宋代画家李成典故:画石必见石根,断其必有良后;小米用米芾子米友仁典故;皆誉定之先生之能传家学也。

余庐画集同人中,徐心庵善治印,胡子贤熟掌故、善鉴定,凌砺深善饮,林宰平能诗,越园更兼长书画。至对客挥毫,则只有汤师、越园偶一点补而已,若子贤、宰平,固皆心仪六法,然在众坐中,则谦退不拈笔。画侣中陈师曾、姚茫父、王梦白皆常至,而王、姚之不修边幅最特出。王梦白名云,丰城人,画草虫,最得神,其造诣决不在齐白石之下。年未四十,须已过额,自称乡道人,署所居曰破斋,残墨秃管,弃置满案,户烂窗裂,坐毡出絮,入视所居,无一不破,故曰破斋,允符其实;其画名震于东瀛,所入不薄,而不善生理,嗜樗蒲,又使酒忤世,坐是抑郁早殁,殁时年未五十。茫父除绘事外,兼精金石,所著《弗堂类稿》,多题金石考据,每至余庐,便如北辰,受吾侪之拱对。犹忆民国十四年茫父五十生日,梁任公曾出寿诗,极诙谐之致。诗云:

> 茫父堕地来,未始作老计。斗大王城中,带发领一寺。廿年掩关忙,百虑随缘肆。疏疏竹几竿,密密花几队。半秃笔几枝,破碎墨几块。挥汗水竹石,呵冻篆分隶。弄石昆弋黄,鼓腹取盐豉……去年穷不死,定活一百岁。

诗中所状,无一不肖茫父,故可称"茫父实录",后生读此,可见当时宣南社事之风趣,名士之不羁,与任公才人之笔墨。但闻是诗实曾经宰平点削始定稿,因宰平相知茫父之深,正不亚于任公也。

宰平在东京留学时,已纳交于任公,任公民二返国,创办《庸言报》,宰平即以"唯刚"笔名撰文;任公长司法部,延越园为金事,不久擢参事,宰平则由大理院推事转法参,遂与越园同官。洪宪帝制议起,宰平耻不署表,拂袖去官,天下重之。民国八年,宰平重入法部为民事司司长,越园则已晋授司法次长。民国十六年司法部储才馆成立,聘任公掌馆事,任公欲延宰平为学长,宰平自以办事能力不如越园,举以相让。(事见《梁任公年谱长编》下册,页七十二。)十七年,越园辞官回浙,奉母居龙游,浙江大吏聘越园修省志,越园即将纂修则例就商于宰平,其《寒柯堂诗》稿,亦曾经宰平往返指点疵瑕,而后定印。(见《寒柯堂诗》题言,页七。)凡此皆可见两人交谊允非寻常,不能因寒柯堂集中只载《寄怀林宰平》一诗(见《寒柯堂诗》,页卅一),遂谓其有契阔也。

余、林间之友谊,在《寒柯堂诗》中虽未备见,而在宰平之《北云集》中,则固可引证。《北云集》为宰平爱婿陈陶心所编印,亦曾经宰平之审定,集中有关余庐画集之作颇夥。兹摘录题目如左:

1.题汤雨生先生手写诗卷　民国五年

2.汤雨生先生梅花集为胡子贤题　民国六年

3.越园画山水册子　任公嘱题　民国十七年

4.寿徐心庵五十生日　民国十八年

5.寿余越园五十生日　民国廿二年

6.为余越园题归砚图,汤定之作图,越园自有记　民国廿二年

7.客岁过杭视越园留谈三日而别,今秋越园到北平,出示此卷盖非寻常笔墨,承嘱赋此　民国廿七年

8.倭乱后重到杭州赠余越园　民国卅七年

9.甲戌小除夕游杭题越园所作山水卷首,今年砺深过沪携卷嘱题后　民国卅七年

10.哭越园　民国卅八年

集中各诗,皆富于性情之作,而寿徐心庵五十生日诗有"此诗请持示越园,为言我难忘者西湖,更难忘者,湖上知心两友"之句。题归砚图诗,有"画中圣手汤与余,还砚归砚颜其居,余楼记成汤作图,峨峨佳话驰双誉"

之什,已备写友朋之乐,而一九四八年后重过杭州,及一九四九年哭越园两作,则更缠绵悱恻,具见生死风义之交情,特全录之。

倭乱后重到杭州赠余越园

当年通问拼长诀,今日相过却恨迟。乱后已更新涕泪,灯前重见旧须眉。行藏我傥成都散,才调君堪号总持。厝火横流同一喟,吾徒所志未应衰。

燕寝留宾礼数宽,剧谈子夜听翻澜。沐尘避地因人重,通志长编作史看。巨嶂高梅都入画,长鱼新鹜竞登盘。情深桑下忘三宿,片语临分刻肺肝。(将别,语仆整理旧稿勿再缓。)

哭 越 园

亦知斯世会有别,所憾子乃为我先,东波西日不相代,坐令长寐归幽埏。深悲眼乍当昼暝,后死身若孤烛然,倘从梦境冀一遇,寻梦不获空损眠。壮年得交历四纪,肝胆相照金石坚,宣南同客迹最密,努力述作期齐肩。子每有作必我视,画录志乘赓成编,我如风鹢但退却,唯子知我情无迁。云龙同此一天地,其奈宇内腾峰烟,所经世变难具道,南北睽隔逾十年。津沽扫轨子对影,唯子远道频通笺,寄诗寄画慰我寂,才雄笔健诚关天。天胡生才不之惜,遽夺以去沉重泉,或云欧苏寿皆六十六,子已过一何憾焉。斯言聊取相慰解,吾终惜子艺且贤,子今一去无还日,永夜不见缺月圆。高山流水岂人境,钟期既逝从绝弦,回思去岁七月杪,深夜远诣吾子前。沪杭兵后已多阻,矧我乃至自幽燕,久阔喜晤互谛视,一粲彼此皆华颠。各以顽健敌忧患,皮骨幸未沾腥膻,剧谈豪俊子犹昔,未觉生事形迍邅。黎明即兴呼我起,相邀趁晓撑湖船,孤山山下里湖里,万头簇簇开红莲。轻风吹盖忽泻露,初日穿树时闻蝉,风光水影入香界,自谓此乐堪留连。岂知同游尽此日,再度携手终无缘,雷峰塔圮夕照逝,同此悲感何由鹓。子亡湖在我已老,枯坐念此涕泗涟。

首篇开笔两句,已沉痛绝伦,次篇通体白描,无一字非事实,无一辞用典故,苍凉幽咽,如读砚碑。北云集中,虽尽有哀挽师友之作(如挽陈太傅弢盦、梁任公各诗），而求其沉郁哀绝，滴泪九泉之情，如此作者，尚不可见，则二公之生死交谊，不亦可睹耶？

大抵两人聚散，自民元以至民十七，皆在北京。民十七后，北政府解体，越园南归，宰丈留平，踪迹始隔。民十八，宰丈扶先姊灵柩归葬福州，冬月来杭，与越园一晤面，自是南北睽违者八年。民廿六，宰丈被邀与蒋百里、胡适之及予同参加庐山座谈会，七月卢沟桥事起，宰丈南来到沪，寓予家。九月，赴杭州，视越园，留谈三日。翌年，越园北上在平复相见。自民廿七至卅四，此八年间皆值日本之乱，宰丈避兵于天津，越园避寇于沐尘，形影虽隔，音问不绝。民卅七春，宰平重来上海，即于七月再至杭州与越园重晤面。死后宰丈除以长古代哭外，并作余君墓志铭一文。长古已录如前，铭文最近始得展读，其中对于越园家世、学业经历、交游、著作叙载均详，而独未及其逝世之由。据墓铭：越园之龙游县志，成稿于燕京，其书画书录解题、画法要录诸书，皆曾经宰平旦夕讨论始定稿。越园垂成之书，尚有《补新旧唐书艺文志》《画学师承记》及《佛教艺术》各种，皆因兵乱转徙，稿佚不全。而最可惜者，则又莫如其主纂已完之《浙江通志》，此志编例，不依傍名家，不墨守古法，一切采述，均能反映时代与科学之需要，计得记二、考十二、略十二、谱二、表传一、凡廿九编五百〇四章，末附浙江文征，盖采章实斋之说。各书皆有提要，尤便学人之浏阅。顾以缺于印资，迫于兵乱，遂束高阁，堪为叹惜。毅成先生为延聘越园主纂斯志之主官，闻此消息，定亦慨慷万千也！

宰平与予，郎舅至亲，文字因缘，自非甚浅，而《北云集》中所载涉予之诗，则仅有一首，题为《和钧嘱题双括庐图，庐为宗孟故居》。宗孟即林长民先生，诗中所咏，即林先生苏家屯遇难及予出关收骨归葬事，故有"周旋身后有梁子，行谊卓绝殊时趋，交期生死见至性，万里收骨兼扶孤"之句。盖宗孟先生民国十四年苏家屯遇难后，予往收骨，遂赋双括行纪其哀，诗为陈石遗先生所录，置之石遗室诗话中，而双括庐图，则越园所绘，故宰丈此作，实为予与越园、宰平友谊戚情之绾合，抑亦余庐聚集中吾三人所仅留之鸿爪。今越园宰平皆已下世，予羁迟海外，头白如雪，日抱丛残，汲汲顾影，尚未知此身归骨何所，涉笔至此，能无感伤？宰平长越园四岁，越园寿六十七，宰平寿八十二，殁后其家人征其书画，仅得四十三幅，以珂罗版印出，与《北云集》同行世，事皆在一九六〇年后，故台湾不多见。1974 年 7

月,梁敬錞写于纽约,时年八十二。

　　录自中国台湾《传记文学》第二十五卷第三期。梁敬錞(1893—1984年),字和钧,福建闽侯人。北京大学法学学士,英国伦敦大学经济学院硕士。曾任北京大学、司法讲习所教授,先后任职于司法部、最高法院,后转任宁夏、甘肃财政厅厅长,抗战时任驻美战时物资供应委员会秘书长。去台后,任"中央研究院"中国近代史研究所所长、近代史通信研究员等,曾应聘为美国哥伦比亚大学客座教授,纽约圣若望大学研究教授。著有《欧战全史》《中美关系论文集》等。

记余绍宋先生

阮毅成

一

余樾园（绍宋）先生，浙江人皆尊称之为樾老，原籍浙江省龙游县，民前二十九年生于衢州。

樾老于清末赴日本，入法政大学法律科肄业，与先君苟伯公及许养颐（壬）先生等皆为同学。许，浙江省瑞安县人，曾在日任浙江省留学生会会长。浙江筹设官立法政学堂，校址在杭州马坡巷，以湖南人邓仲期（起枢）（编者按：原文误"邓仲期"为"许邓仲期"，兹将"许"字删去）为监督。聘樾老任教务主任，许及先君任教员，许授民法，先君授刑法。旋三人又共同发起创设浙江私立法政学堂，在杭州刀茅巷，自建新式校舍。先君任校长，许任教务主任，樾老任教员。清廷初不许私人讲授法政之学，经一再力争，始获核准。

民国成立，樾老应约赴北京，初任众议院秘书，后任司法部参事，并两度任次长，代理部务。又先后兼任过高等文官甄别委员会委员、高等文官惩戒委员会委员、司法甄审委员会委员、司法官再试典试委员会委员、律师甄拔委员会委员长、司法官及普通文官惩戒委员会委员长、（第一次欧战以后）处理敌国人民财产委员会参议、外交部中俄会议参议、各国调查司法权筹备委员会参议。又担任过修订法律馆编纂、国立北京法政专门学校校长、国立艺术专门学校校长及教授、国立师范大学教授、国立法政大学教授、司法储材馆教务长、广东省通志局总编纂。

樾老在北京司法部任职时，先君在杭州执业律师，担任教课，二人通信至勤。我幼时趋庭,常见先君指其来信说:"其文其字,其诗其画,皆所必传。至其官职,无所谓也。"先君对他的来信,均予保存,可惜在抗战期中全部失去,而樾老对先君的去信,也均予保存,虽在抗战期中大部分失去,但胜利回杭,尚在劫余中觅得十二封,悉以还我,我加以装裱后,再送给他看,他乃于三十五年六月一日,亲题跋语:

> 荀伯先生生时,与予通问颇勤,故所绩盈尺。往曾取其论学论事者十数通,暨涉及所惠有关学术治道之简牍,汇装成帙。惜倭乱时,悉数散佚。乱既定,于故纸堆中复检得此十二通,因以贻其嗣君毅成,俾存手泽。毅成装成见示,属为加题。展视真不胜山阳之感。嗟乎,一生一死,乃见交情,余其何以为情耶!

我又送给樾老及先君的共同好友凌砺深(士钧)先生看。凌,浙江省崇德县(原名石门)人,曾任河南高等审判厅厅长、浙江公立法政专门学校校长。他也亲写了跋语:

> 荀伯先生习申韩术,治法家言。融会中西,贯穿今古。于吾国之革新司法,培植人才,致力既殷,厥功甚伟。与余订交,自同学以至共事,垂廿余载,实为生平最敬畏之一人。哲嗣毅成世兄,源渊家学,更发挥而光大之。学优即仕,长浙民政有年。治绩蔚然,乡人爱戴。唯以其先世遗物因乱丧失殆尽,引以为憾。余君樾园于颠沛流离中,犹能检得其所藏荀伯先生之遗书十二通贻之,手泽犹新,嘉言足式。此不独见余君之笃于友谊,抑更足征毅成世兄之孝思不匮。爰记数言,以伸景仰。

在这十二封信中,最早的一封是先君于民国二年写的,最后一封是民国十六年七月五日写的。不久,先君就生病,于民国十七年一月逝世。所以这一封信,也可以算是他将近最后的遗墨,特别珍贵。

樾老于民国十年三月第一次任司法部次长。先君在写给他的信中说:"闻兄署次长,此间同人以为法界向来不满人意之处,必可改革;各律师公会曾经建议者,必蒙采择施行,想兄必有以慰众望也。"次年一月,樾老即辞职,先君又在信上说:"顷闻已辞部务,同人颇愿公在野尽力于司法事务,或较在朝收效更大,弟亦赞成此说。"民国十三年六月,樾老又到司法部,先君在信上说:"北京情形,报纸所载,虽未必尽可信,然大概亦可想见。武力膨胀,法力无灵。贵衙门公事自必清简,公余多暇,闻以画山水消遣,颇望再赐我一二小幅……杭县律师公会近对于贵部有所建议,拟乞从速核准。俾于诉讼手续上得有便利,皆大君子之所赐也。"十月,先君又在信上说:"我国司法机关成立已经数年,而为程序标准之审判厅章程太不完备。鄙意民、刑诉讼律草案,不妨由部呈请试行。(实际已多援用,特无明文试行,则各厅办法不能划一,不成事体。至刑诉草案豫审归检厅一层,与现行办法稍异。然实际上现在检厅之临时讯问,直与豫审无殊也。)现任法官大都有数年经验,断不至并此诉讼律不能奉行,未知尊意以为然否?""兄对于司法界低级人员及庭丁法警薪工,似须由部通令酌加。司法经费虽不易筹,然为数无多,各省财政当局苟肯注意及此,当可设法也。"民国十五年五月,樾老再度去职,先君在信上说:"兄之去职,弟固深佩。即此间律师公会同人,亦无不景仰。盖目下当局者虽喜唯阿,而直道之在人心,固未消失也。"其时北京政府在军阀控制之下,政局极不安定,人事更动频繁。而樾老的两次去职,均系因执法严正而开罪了当局。并且有一次是为了金佛郎案,以去就力争。故先君去信,表示敬仰。

樾老系书画世家,又久居北京,得见海内今古佳作,并拜汤定之先生为师,从其学画。先君在日,他每年必自北京绘画一幅寄赠,先君则必寄龙井狮峰明前茶叶为报。在樾老保存的先君手札中,有一封上写道:"汤公画现裱隔锦屏,挂之壁间,光辉四溢,毫无俗尘。法书四幅并悬,可称双璧。朝夕瞻仰,非常怡悦。所有应补润笔及磨墨费八元八角,奉乞鉴收是荷。"又有一封信上说:"公所画山水,非常进步,拟恳以一幅赐寄,虽斗方不嫌其小。"又在一封信上说:"昨日邮局递到法书,拜领谢谢。"在另一封信上说:"允赐扇面,甚感甚感。唯尚有无厌之请者,如赐扇仅写或画一面,则其余一面,甚难请相当之人。可否两全之处,即请酌之。"而在最后的一封信上说:"顷奉惠赐条幅,名笔名纸,古色古香,展览之余,莫名钦感。此等作品,本非可以物质报酬,只好先铭心版已。"

樾老历年送给先君的墨宝,我在抗战时期随身携带,并且送请樾老看。他说:"早年作品多不值得留存,愿画新幅交换收回。"我说:"此乃先人遗物,不能舍弃。公能另绘新者见赠,自所欢迎。"樾老闻而大笑,次日遂写一诗送来："毅成世长兄，以二十年前予在北京、杭州为其先德荀伯先生所作书画见示，云自危城中取归，极不易。抚今感时，率书一律奉赠：'故人有子慕书仓，物在翻令我感伤。敢比王戎知叔夜，真如向秀过山阳。交期两世诚无忝，哀乐中年岂遽忘。杭郡燕都事何限，几番回首几回肠。'"但樾老在民国三十二年刻印他的《寒柯堂诗》的时候，诗句却有改动："书前万感费思量，睹物怀人况乱亡。剩有王戎知叔夜，真如向秀过山阳。久要不忘知君意，历劫犹在转自伤。杭郡燕都事何限，一回展视一回肠。"

二

樾老在北京的时期，卜居于宣武门南的西砖胡同五号，题名曰余庐。他在每星期日午刻，备了佳肴美酒，招待画画谈诗的文友。大家于上午就去，互相交谈，饭后才各散去。其时经常参加的，有他的绘画老师汤定之先生，及林宰平（志钧）、刘崧生（崇佑）、凌砺深（士钧）、胡子贤（祥麟）、王梦白、梁和钧（敬锌）诸位先生，姚茫父先生也有时到会。樾老每次均对客挥毫，供大家欣赏。林宰平先生也在学画，却不肯轻易示人。

林宰平先生与刘崧生先生，都是樾老在北京时期的好友。林，福建闽侯人，于清末自日本学成回国，初在储才馆任主事。民国成立后，到司法部任参事，与樾老为同僚。袁世凯谋称帝，他就辞官，从此不再进入仕途。后应北京法政专门学校王校长之约，任教务长。梁任公（启超）先生在清华大学主讲国学，又应梁氏之约，到清华任教。梁任公先生的年谱，就是由林撰写的。抗战时期，未得离开陷区。抗战胜利之后，樾老终得与林先生重见于杭州。林自北平南下，在上海住了一段时期。樾老时任浙江省通志馆长，以里西湖的杨庄为治事之所，两老在湖上盘桓了几天。后来，林先生又回北平，大陆□□后逝世，享年八十余岁。

刘崧生先生，也是福建闽侯人。民国初年，在北京任国会议员，并办《晨钟报》，为北洋军阀所封闭。乃改称《北京晨报》，继续出版。他又执业律师，民国十一年十一月，罗钧任（文干）先生以财政总长而因奥案被当局所诬系狱，成为当时派系斗争的牺牲者。樾老平素与罗私交甚笃，为之到处呼冤。刘则为其任辩护律师，声明不收公费。罗直至民国十三年夏，始得平反获释，盖在狱中达一年又半。罗曾著有《狱中人语》一册，传诵一时。

我与刘先生有过一面之缘。民国十九年冬天，我在东北的哈尔滨，住在道里中国大街马太尔(Modern)饭店,他适亦住在该店,曾晤谈为快。我与罗先生,也曾有过短期的聚首。民国二十七年七月,第一届国民参政会在汉口集会,罗任参政员,我任特务秘书。某次同席,他与我为邻座。我谈到他所著的《狱中人语》,并道出全书的要点,他大为惊奇。他说:"想不到这一本书,居然得兄见赏。"

九一八以后,罗先生曾任国民政府司法行政部部长,又曾任外交部部长,聘樾老为外交部高等顾问。樾老其时已自北京迁回杭州定居,有时应罗之约到南京去,作数日之游。民国三十年,在抗战期中,刘、罗两先生先后逝世,樾老时在浙江,曾各致以挽诗。

三

樾老自北平南归,当在民国十六年以后。因先君在致樾老的最后一封信上说:"天气渐热,兄如南旋,似不宜过迟。到杭后,是否暂住,抑即回衢?弟意当此各地秩序尚未大定之时,外县似不如省垣之安稳。未知尊意如何?"樾老回浙,卜居在杭州新市场菩提寺路萱寿里二号,系自建的石库墙门三间两厢的双层楼房。抗战以前及胜利以后,我曾多次到他家中请谒,或参观他的收藏,或看他作画、写字、吟诗。

樾老系出生于具有文学艺术传统的氏族,他的高祖父宽夫(可大)公,曾祖父镜波(恩铼)公,祖父滋泉(福溥)公,父亲延秋(庆椿)公,到樾老为第五世,都是名书画家与名诗人。樾老的父亲,系因遭父丧哀毁致死,所以樾老又系出身于具有孝友精神的家庭,他不但是一位艺术家与文史学家,也是一位孝子。他因自幼丧父,所以事母至孝。他在杭州自建的住宅,命名为萱寿里。又自绘有《归砚楼娱亲图卷》,他自己说画了多时,才行绘成,真是精心之作。他曾亲到北平去,带了这张画,遍请他在北平的老友题诗,在他主编的《金石书画》旬刊第八期上,曾载有许多名家的题句:

题余越园归砚楼娱亲图卷

其一　林志钧

四时风物俱堪赏,寄意还如味外轩。(味外,余持夔轩名。)远岫连云迷嶂母,虚亭收景爱山孙。胸无尘点关天趣,笔有真情见道源。一事吾曹都不及,娱亲持此慰晨昏。

其二 邵章

王宰能事不受迫,十日一水五日石。君笔独具四时气,前有沈周后吴历。归砚之楼何岿岿,湖上烽烟连太末。板舆日侍太夫人,扶筇观画神怡悦。我凤多君鹤立姿,羽翰自与凡禽别。一片婴儿戏彩心,娱亲那在荣簪黻。旧都朋旧今渐稀,门外喜见君车辙。酒酣(编者按:原文作"酒甜",当系"酒酣"之误,故改)垂涕伤往事,谈艺纵横杂口谪。行囊解示牛腰卷,惊倒画师无十百。我诗力弱曷胜此,如逢撞钟真自共。同是天涯澹荡人,挥毫宁复论功拙。俗尘万丈胸不到,眼中犀角君其一。临去殷勤约胜游,天台雁荡寻荒迹。升堂拜母会有期,愿乞园桃与梨粟。

其三 黄节

养志丹青亦孝心,不缘文采动吾吟。才名翰墨须收拾,老去从君语独深。(越园我兄北来,存问故人,情意非时贤所有,可感之极,并出示娱亲画卷,谨题一诗。)

其四 罗复堪

娱亲何止百千端,听到无声始得欢。画意诗心知有在,四时常作导舆看。

抗战期中,樾老避居在龙游县沐尘乡,曾迎养褚太夫人。未及一年,太夫人又从樾老的长兄移居在衢县的柯山。民国二十九年,樾老作有省母诗九首,时太夫人已七十九岁,樾老也已五十七岁,字字出自至诚。

民国三十一年夏,敌陷龙游、衢州,樾老与其母太夫人,各自避难深山中,音讯不通。樾老在住溪有思家诗六首,其第一首即为思母。

敌退之后,樾老赴衢州觐母,有诗。抗战胜利,樾老再至衢州,于中秋之夜,在静岩以六十二岁之儿,侍八十四岁之母赏月,亦有诗。此后每年中秋,亦必赴衢州与母太夫人欢聚。

四

樾老诗文书画无一不佳，诚如先君所语皆系必传之作外，且著有极富价值的书画专书，又曾编辑他的表叔梁节庵（鼎芬）的诗集（编者按：梁鼎芬为余绍宋表伯，不是表叔），撰写《续四库全书提要·艺术类》各篇，并主编他的故乡龙游县的县志与极负盛名的《金石书画》旬刊。

他的专著，一种是《画法要录》十卷，《续录》十二卷；一种是《书画书录解题》十二卷六册，于民国二十一年由国立北平图书馆出版。一九六八年四月，台湾中华书局照原本影印发行。福州林宰平（志钧）先生在原印本上曾为作序。樾老自己写有序例，达六十七则之多。

樾老所写的《续修四库全书提要》的艺术类各篇，为其另一具有价值的著作。清朝乾隆帝时期所编纂的《四库全书》，计著录三千四百四十九部，存目书六千一百八十九部，均撰有提要，编入《四库全书总目提要》之内。迨至民国十四年，日本人利用退还我国的庚子赔款，设立东方文化事业委员会。创设伊始，即决定要续修《四库全书》。我们不难了解日本人的目的，系在安抚我国的文人。其初期所聘的我国人士，只限于清朝遗老，其用意尤不难推测。民国二十三年之后，才增聘了我国许多学者专家，人选几遍及我全国，樾老就是在这时才应聘的。

日人续修《四库全书》的计划，只在撰写提要，并不如乾隆帝时期要将列入著录的原书全部缮录。樾老所担任的为子部艺术类，一同撰写的为班书阁君。在乾隆时期所编纂的《四库全书》中，列入艺术类著录的只有八十一部，而在《续修四库全书提要》中，艺术类有二百六十二部，三倍于往昔。《续修四库全书提要》的油印稿本，向存在日本京都大学人文科学研究所，经王云五先生于三四年前，与该所的平冈武夫教授洽商，摄得全部照片，再由台湾商务印书馆重予排版，分为十二册。自一九七一年一月起出书，每月一册，一年出齐。于是樾老所写的《续修四库全书艺术类提要》，乃得于其完稿三十五年之后，并在他逝世二十二年之后，与世人相见。

樾老于民国初年，为他的故乡龙游重新编撰了县志。由北京的北新华街京城印书局于民国十四年印行。可以表现出他对故乡的极深爱好与巨大贡献。梁任公（启超）先生，曾为他写了一篇长序，备极推崇。（梁氏序从略。）

樾老自己也在卷首写了长篇的叙例，说明他编撰《龙游县志》的新原则与新体例。又在卷末写了长篇的前志源流及修志始末。《龙游县志》出版之后，他曾自北京寄一部到杭州，送给先君。先君于民国十五年五月二十三日，写给他的信上说：

> 两奉惠书，均谨读悉。昨日又奉寄到《龙游县志》十六本，谨领谢谢。

民国二十三年九月十五日，杭州《东南日报》发行特种副刊，名为《金石书画》。逢五出版，月出三期。聘樾老担任主编，他自己写了发刊词、刊例及启事。《金石书画》出版到民国二十六年七月抗战开始为止，樾老经常刊布他所收藏的古物字画，皆系精品。并经常写有论文及编辑余谈。又多方收集他友人的藏品，予以刊载。

因为他自己能书、能画、能诗，交游广，见识多。因而品评鉴定的能力特高，征集搜集的机会特富。故其所取材者，均有其艺术上的价值。不独绝无赝件，且可谓尽系珍品，如杭州高氏梅王阁、乐只室、陈氏伏庐、杨氏丰华堂、童氏绿云山房、俞氏香叶簃、王氏秋蔼池馆、长兴王氏诒庄楼、嵊县王氏兼善堂、诸暨陈氏仰逋居、绍兴余氏怡园，以及东阳的赵伯苏、诸暨的余铁山、寄寓杭州的淮安陈氏石墨楼，都是两浙的名收藏家，皆在旬刊中常有极珍贵的提供，并分别撰有原作者的小传。可见我两浙的人文之盛、艺术境界之高，与收藏家之多。其中石墨楼陈氏，名锡钧，字伯衡，与我的先父先叔，皆相熟识，常有来往。他向在财税方面任职，自建一宅在杭州新市场泗水路吴山路口。抗战期中，他避居上海，曾在上海市肆中买到了樾老昔日所用的书画印章，系樾老杭州寓所的劫余之物。他乃写了一封信，连同该印章一并寄给樾老。他与我也常有来往。大陆□□后，不知其情况矣。

其时，杭州《东南日报》经常有介绍余樾园先生书画的通启。（通启略。）

其后列有山水画例甚详，以中堂为例，三尺为当时法币四十元，四尺整纸七十元，五尺九十元，六尺一百四十元，可见其声价之高。

五

从民国二十六年到民国三十七年，也就是从抗战到胜利的这一段期间，我和樾老经常在一起。

民国二十六年四月，我到金华任职。六月二十六日，樾老从他的家乡龙游回到杭州去，特地在金华下车，停留一晚，与我见面，住在城外的中国旅行社招待所。他说，中日战争不可避免，他准备先将眷属从杭州移回龙游。为了避免空袭，不能住在城内。幸而有一位巫瑞琛君，家在龙游的乡间沐尘，地在万山之中，为防空袭的最佳所在。而又为往遂昌的公路所经过，交通仍属便利。巫家屋宇宽敞，自题名曰邻竹斋，而瑞琛虽系乡居之人，却也雅好诗文，十分欢迎他去住。樾老的诗集中，有他先后赠巫君的诗若干首。樾老后来也在沐尘买地数亩，想自建一所住屋，终以力有未逮，未能筑成。所以他在赠巫君的诗中有"卜筑难成还托庇，未应长负结邻心"之句。此后我每次赴沐尘访樾老，亦曾多次见到巫君，颇为好客，相谈甚欢。

这一晚，樾老与我谈得很高兴，喝了不少酒。就当场挥毫，画了几张竹子。他说，他是用写章草的笔法画竹，最得意的是画风竹与雨竹。他送了我一张，也送了当时在座的人每人一张。大家看他一面画，一面讲，手挥目送，意气飞扬。凡是得到他的画的人，无不认为荣幸，视同珍璧。

果然，十天之后，七七事变就发生了。樾老不久就携眷从杭州迁回龙游，住在沐尘乡的巫家。但是，他所收藏的文物字画太多，战时不易获得充分的交通工具，而其时樾老又在政府中没有名位，自更难全数内运。只得带走一部分，而将若干件暂留在杭寓，准备以后再陆续取运。不料自敌人在金山卫登陆之后，战事逆转得太快。原来以为经苏州到嘉兴的国防工事，在抗战以前就已完成，建筑坚固，布置完密，可以坚守一个时期，却临时未能用上，以致杭州忽然宣告弃守。樾老的许多收藏，自属难逃劫运了。我在杭州时，常在他家中看到的桂未谷（馥）为纪晓岚（昀）所写的阅微草堂一方木制的大匾额，就因为过于笨重，樾老未能带走，而告沦陷。纪晓岚写的《阅微草堂笔记》爱读的人很多，却很少人知道这一块原额，已由樾老在北平购得，南运到杭州，而又在杭州失去了。

民国三十年，樾老以其劫余书千余卷，捐赠给其故乡龙游县的县立图书馆，并写有一诗致馆长祝鸿逵君。祝字子孚，是樾老的外甥（编者按：祝鸿逵是余绍宋养女香莲之夫，不是外甥）。

樾老对杭州的陷敌，万分痛心，除叹其寓庐被劫与藏书沦亡作诗纪述外，并对孤山的梅花、故宅的老梅、西湖的春柳，均有诗怀念。因为我甚喜诵其春柳诗句，他乃绘了一幅春柳图送给我，并将其诗句题在画上。他说画柳比画竹难，因竹枝叶多系向上伸长，而柳枝柳叶须绘出其下垂姿态。樾老的这幅画全用白描法，摇曳生姿，婀娜之中，兼具刚健，见者皆诧为神笔。他又说，西湖苏堤以桃柳齐名，乃又再画一幅桃花送我。可惜的是，这两幅均在大陆□□时失去。

抗日战争之初，国立中央大学自重庆来信，聘樾老入川任教。樾老以母老辞，并有一诗寄谢校长罗志希（家伦）兄。

民国二十八年四月，浙江省第一届临时参议会在永康下园朱成立，以朱氏宗祠为会址。此为各省中之最早者，亦即自国民政府实施训政以后，各省地方民意机关成立之最早者。我向浙江省政府提请以樾老任省参议员，经报奉行政院核准。樾老乃自他的原籍龙游县沐尘乡来到永康，住在高园。永康人民多系聚族而居，曰朱，曰高，皆地方望族。高园面临自永康至缙云之大道，但亦有茂林修竹，民间鸡犬相闻。

自此以后，以迄民国三十四年抗战胜利，樾老在浙江省第一届及第二届临时参议会中，初任参议员，继担任副议长，并一度代理议长。他在省参议会中，每次询问、发言或提案，均以能言与敢言著称。他最注重军风纪的整饬，与民间额外负担的减轻。就军风纪的整饬言，樾老曾有一次借坐了一部友人的旧汽车，经过他的故乡龙游城外用黄色沙土筑成的公路，车破路坏，自不能行驶得太快。而后面忽然来了一辆在当时算是新式的小轿车，风驰电掣，司机频频地大鸣喇叭，催促他的破车先行，以免阻碍后面车辆的行进。樾老车上的司机事实上无法加速，而后面的车子忽然停住，走下了几个副官，赶上前来，大喝停车，并打开车门，将司机拖出车外，予以殴打。并且说："后面车上坐的是××长官，你拦阻去路，贻误军机，该当何罪？"樾老见状大为气愤，也立即下车，走向后面车子，去见××长官。那一位虽则不认识他，但看他丰神俊朗，一表非凡，也猜到不是寻常之辈，遂也开门下车，一面喝止打人的副官，一面请教樾老的大名。樾老乃在路旁力斥其不应该放纵部属，殴打民车的司机。××长官只得向其道歉，路旁围观的民众，人人称快。

民国二十九年十一月十一日下午二时，浙江省第一届临时省参议会举行第四次大会开幕典礼,樾老代表全体参议员致答词。(致词及提案略。)

六

民国三十一年五月,日军进犯浙赣铁路,浙江省政府于匆促间自永康方岩后撤。樾老时在沐尘,因龙游系沿铁路线者,且为敌军进攻衢州飞机场必经之路。龙游县政府因县城沦陷,撤至梧村。樾老乃自沐尘先经罗坑,移至遂昌县之高棠。再由高棠经白马山溪源岭而至石练,再自石练移至龙泉住溪。沿途皆高山峻岭,平时甚少行人。樾老独自在山谷中奔驰,其老母及妻儿均只能在附近山中暂避,未能同行。樾老对此次避难经过及沿途见闻,均有长诗为记,可作为抗战史诗读。并有思家诗六首,极道乱离之苦。

我于五月十七日上午九时,才在方岩从电话中得到后撤的命令。限下午四时前,各机关、学校、团体全数撤毕。因四时起,即破坏永康通金华、东阳及通缙云、丽水的公路。对于撤往何处,并无指示。只谓相机办理,力求安全。我们当时的颠沛流离,不能尽述,最后止于龙泉的八都。其间,宁、绍、金、衢、严、温、台、处各属纷纷沦陷。在兵荒马乱之中,我无法探得樾老的消息,真是万分怀念。自他到了住溪,与八都相距一百五十华里,其地与浙江的遂昌县、福建的浦城县均相接界,又近江山县。

我既知樾老亦在龙泉县属,乃派人持书前往问候。我问八都乡长,能遣一人送信否,因深山之间,既无电讯,又无公路,来往必须步行。我初意,来回三百里山路,至少非三日不办。而乡长谓一日半足矣,盖山居村民,履高山如平地,且能日夜兼程,途中不须休息。一日半不到,果持樾老的亲笔复函归来。大兵之后,彼此幸均得平安,并得再通音问,感慰不已。

樾老在住溪住了三个月,敌军退走,沐尘收复,他乃先行回里。九月,浙江省政府在流亡喘息之余,在云和恢复办公。十月十五日,举行第一届省临时参议会第六次大会。樾老先期从沐尘来到云和,寄居北乡的河坑,写了寄居杂兴诗(编者按:原文作"寄居新兴诗",查《寒柯堂诗》卷四,诗题为"于役云和寄居北乡河坑杂兴二十四首",故改"新兴"为"杂兴")二十四首,描述当时生活清苦的情形,至为详尽。

我也乃在云和与樾老重得见面,恍同隔世。他对这一次的浙赣战役,深为不满。他认为有关方面应早日有所布置,不应该事先谓绝可无虞,而临时又匆忙先行撤退，以致地方糜烂，生民荼毒。他真是有说不完的辛酸、咏不尽的悲痛。他曾写了不少的诗，予以记述。如谓："我既负言责，近复侧史筵。立言首尊攘，秉笔贵信传。秽迹赖以暴，敌忾赖以宣……大难犹未已，再厉期勉旃。"当时或有人不乐其言，而今日乃得留为信史。

其时，浙省临时参议会议长徐青甫（鼎年）先生，在五月永康危急时，辗转后退，已到了重庆，一时无法东返。副议长陈屺怀（训正）先生，也在那时退到了福建的南平，正待车回浙。因之，临参大会遂公推樾老为主席，致开会词。（致词略。）

不久，行政院命令成立第二届省临时参议会，浙江省政府乃报请以陈屺怀（训正）先生任议长，樾老任副议长，均奉核可。而屺怀先生以年高责重，加以体弱不胜奔波，在担任议长之后未久，逝于云和。因之，民国三十二年十二月十五日上午七时，第二届临时参议会在云和孔庙大成殿举行第二次大会开幕典礼时，樾老又以副议长代理议长职务，致开会词。（致词略。）

民国三十三年十二月十八日下午一时半，第二届省临时参议会在云和孔庙大成殿举行第三次大会休会典礼，樾老以副议长身份致词。（致词略。）

七

在八年抗战期中，樾老除担任浙江省临时参议会工作外，我还请他担任了两件重要的任务。一是浙江省赈济会的常务委员兼难民工厂监察人。关于抚辑流亡、赈恤灾黎，樾老做了不少的事。民国三十年夏，敌人进攻绍兴之后，流亡载道，我约同省赈济会同人，分途到沐尘的樾老家中集会，筹商救济。天热路阻，我沿途求茶水不得。待我走到樾老家中时，樾老出迎，说已准备了一大壶冷茶，我立尽数杯，如获琼浆。樾老谓知兄爱饮茶，而在长途跋涉之后，必不能用热茶也。其善待我也如此。事隔三十年，我仍不能忘之。在抗战后期，我又曾请他到温州各县去查赈。胜利复员，再请他到衢州各县去查赈。樾老因而得遍游浙东与浙南各地的名山胜迹，如永康的方岩、缙云的仙都、丽水的三岩寺、青田的石门洞、衢州的烂柯山、永嘉的江心亭、瑞安的仙岩、乐清的雁荡山，他都留了长篇的记游诗句。他又曾应姚文采君之约，于战时游了皖南的黄山，登始信峰与天都峰，其脚力之健，为同游各人所不及。归来也写了好多的诗。

在他的记游诗中，有三篇与我有关联。

一篇是他的游龙丘山诗。原来樾老的故乡龙游县，原名龙丘县。龙丘是山名，因汉朝的龙丘苌先生在山中隐居而得名。其后，南齐的徐伯珍，唐朝的徐安贞，先后住在山中，益著称于世。所以龙丘是以人名名山，再以山名名县。而龙丘山，也成为县中的唯一名胜。明朝成化年间，新增设汤溪县，竟将龙丘山划到汤溪县境内。山既划出，遂将龙丘县改名为龙游县（编者按：改"龙丘"为"龙游"系五代吴越王钱镠时事，非明成化时所改）。樾老游山归来，写了一首长诗并序。樾老又绘有《龙丘山图》，系大幅着色山水，悬于其沐尘客厅中，画幅系以巨型宣纸相接，高与屋齐，宽及三楹，为我平生所见之最巨幅者。樾老谓费时两年，始克绘成，见者莫不叹为观止。

樾老见我每次去沐尘时，必对此巨幅《龙丘山图》欣赏良久，甚至出神，乃对我谓："兄如能使龙丘山重归龙游县管辖，则即以此图奉赠。"我谓："自明代划设汤溪县以来，已历五百年，此事恐难办到。斯图固吾所爱，不敢求也。"民国三十三年二月，樾老又向我谈及此事，斯时龙游、汤溪均陷敌手，龙丘山也为敌所占。樾老乃将其龙丘山长诗，写成一册页见贻，并加跋语，谓：

> 毅成世长先生长省民厅有年，周知地方情弊，亦深以兹山割属汤溪为非宜。思复其旧，而未敢决也。因书旧作此篇贻之，使知吾县人士，历数百年，于兹事犹有余憾，其或者有以慰吾侪喟喟之望乎？诗虽不佳，义有所尔。愿我贤明长官，哀而鉴之。

另一篇是他的游石门洞诗。洞在青田县境，有瀑布，沿瓯江上游，相传为刘伯温（基）读书处。民国二十七年秋季，我第一次往游，深爱其地风景。二十九年再往，写有一诗：

> 丞相祠堂晚更幽，重来凭吊又清秋。飞泉犹是当年景，照影难为此日留。松柏两行曾旧识，夕阳几度送征舟。君王未必输棋技，疑有良谋嫁莫愁。

樾老看到了我的诗，乃也去一游。归来有《石门拜刘文成公祠》及《石门观瀑次谢康乐登石门最高顶》诗原韵五古一首，并对我谓："微兄诗，不知有此胜景。愿绘《石门观瀑图》奉赠，并将所作五古一首题上。"樾老所绘者，系青绿山水，并有两人并立。樾老谓："兄虽未同游，但作为图上游伴。两人，一为兄，一为老夫也。"

又另一篇是他游大峃百丈漈长诗。他是因听我说过百丈漈的景物雄壮，并看到我的纪游诗句：

> 翠竹苍松云路开，几人俯仰得同来。走珠泻玉千层雪，接地连天百丈雷。出谷都为他日雨，在山不负此时才。铜琶铁板焉能状，岭上鸣金杀敌才。

乃应刘祝群先生之约往游，那一天正是他的家庆。而他游罢归来，却又适为我的四十岁生日。他认为我所说不虚，乃绘《百丈漈图》长幅见赠，以为送我的寿礼。他画的也是着色山水，并加题语：

> 漈在青田县之南田山中，为吾浙最大之瀑布。甲申十月往游此，归来适毅成世长兄四十岁，即画此为贻，祝其年与此山川同永也。

八

我请樾老在战时担任的另一项任务，是请他主修《浙江通志》。民国二十六年四月，我到金华，就首先注意地方的文献。我要各县征集旧志，以便续修。民国三十年，我在浙江省政府委员会会议提案，先行设立浙江省史料征集委员会，以为续修《浙江通志》的准备工作。盖浙江省自清乾隆以后，没有修过省志。各府县志书，在道光以前重修的，也不多。太平天国以后，地方久经兵乱，重修的更少。

民国初年，浙江省议会通过设立省通志馆，由当时的省长公署聘喻长霖任总纂。修了十余年，还没有完全成稿。已成稿的一部分，曾经铅印。但只系样本性质，没有公开发行。我看喻长霖所修的志稿，不但全用昔日的体例，并且断代只至清朝末年为止。对民国的事，一字不提。许多与民国有关的地方，也刻意加以隐讳。甚至对于国父或革命党人，尚沿用清朝的称谓，称为乱党。喻某自命为清朝的遗老，其如此的写法，自不足怪。可怪的是当时的政府当局，竟会聘这样一位完全没有近代头脑的人修志，而省议会又会每年通过省通志馆的预算，用民国人民的钱，养清朝遗老的老。

抗战开始，浙西文物，首先毁于兵火。浙东地临前线，时时有沦陷的可能。民国二十八年十一月六日，浙江省第一届临时参议会在永康下园朱，举行第二次大会，樾老提出拟请省政府设委员会征集通志县志材料，以重文献案：

> 文献赖志书以存，其为重要，自不待论。唯向来省县政府，多未措意及此。故一遭变乱，散佚无遗。即如浙西各县，经此番沦陷，一切地方掌故档案，从前因未有人负责收集整理，遂致无从移出，以后更无从考征。其损失之浩大，岂容思议。前车已覆，来轸堪虞。自宜略仿清儒章学诚各县应设志科之议，先时预为之备。由省政府通令各县，聘请有学识之士绅数人，组织一委员会，专司其事。（小县则不必设会，专聘一二人任之亦可。）拨定经费，以供采访抄录之需。其浙西沦陷各县，仍宜设立。一面征佚补亡，一面专记沦陷后情事，以备异时载入志书，借资警惕。省会则由省政府聘请淹通博雅士绅若干人，组织委员会，以总其成。其详细办法，应由民政厅详为拟定。经费一层，则须稍裕，方足尽其能事。如是则将来事定后，编成志书，不患无所取裁，可成信史。万一有变，亦便转徙，不致散亡，实为目下急要之务。或谓当此抗战时期，不必为此不急之事。不知文献是历史的根基，无历史则人类社会失其凭藉。而民族精神，也无从资以发挥，未可忽也。

该案当经大会通过，送请省政府办理。樾老在提出本案之前，曾和我谈过，与我平素的意见相同。于是我乃向省政府委员会会议提出设立浙江省史料征集委员会，并以陈屺怀（训正）先生于民国初年所主修的《定海县志》与樾老所主修的《龙游县志》均体例新颖，内容完备。而他们两位，其时正均任浙江省第一届省临时参议会参议员，住在永康，与战时浙江省政府的所在地方岩，距离甚近，遇事可以商洽。想请他们二人分任史料征集会的正、副主任委员。但屺怀先生来函辞谢，我遂请樾老任主任委员，并暂以其所住的龙游沐尘为治事之地。我的老友查宽之兄曾有诗致樾老，述史料征集之事。樾老也当即依原韵和了一首。樾老向来很少和他人的原韵，可见其对宽之兄的赏识。

查兄的原诗是：

> 斯文宜未丧，蹇步安足感。近川不可留，愁焉伤幽寂。山馆实清旷，烦忧于以涤。况有如园叟，珍秘同剖析。纵惭伯牙技，知音增感激。又有瑞安贤，楹书出孔壁。中叠业未衰，绝学无与敌。及此暇日多，玄珠或可觅。坠简虽沉沦，夫岂终难规。诸公皆耆宿，愧我独棾栎。时艰匪能济，征信效微绩。笔削待寒柯，取舍资准的。披册思前修，临流尽涓滴。莫谓吾职闲，而自忘悚惕。罔俾后世讥，相期在运览。

樾老的和作是：

> 治史夙所钦，及阙常戚戚。旌车既见招，未敢耽岑寂。所憾丧乱频，文献随荡涤。故旧半凋零，乡邦复离析。负荷讵克胜，私衷徒奋激。理棼凛治丝，征实虞响壁。幸得诸公贤，才识皆无敌。途径纵纷岐，相与殷勤觅。邃密藉商量，朝暮忻良规。譬彼筑室谋，取材祛散栎。贮作大将资，期就千秋绩。衰朽不自乘，终当趋此的。岂为养老来，沾溉分沥滴。新诗陈箴规，语重足警惕。余事到文章，错石致瓴览。

到了民国三十一年冬季，浙江省政府在浙赣路战役之后退到了云和，樾老也间关到达。次年，局势稍定，我乃在省政府委员会会议提议，将史料征集会改设为省通志馆，并聘樾老任馆长，何伯丞（炳松）先生任副馆长。何先生其时任国立暨南大学校长，在福建省的建阳复课。他正向教育部请辞，曾写信给我，愿意回浙江做事。但是他的辞职未为教育部所接受，所以馆事一直就由樾老独任其劳。

浙江通志馆，设于云和南溪乡的大坪村，樾老即移住在馆内。他当时有移居诗五首，兹录其二：

> 世乱居无定，重迁至大坪。山幽尘自远，水洁气为清。避地邻难择，逃名计未成。白龙如有意，为作不平鸣。志局初开创，羁栖喜自随。

丛残珍故纸,货殖重村耆。野获堪征信,山堂且拾遗。嘤鸣时有和,不必叹流离。

通志馆成立,樾老工作颇为积极,他聘请了编纂若干人,又于每县聘采访员若干人。各县亦有设立县通志馆者,如兰溪县聘祝谏任馆长,天台县聘徐卓群任馆长。祝曾在哈尔滨任地方法院院长,民国十九年冬,我过哈尔滨,曾与见面。三十七年二月二十六日,我到兰溪访之,已七十二岁。

至于重修《浙省通志》的计划,我与樾老商定,为:

一、修志期间定为八年,前六年为编纂时期,后二年为审核志稿时期。

二、体例完全采用《定海县志》及《龙游县志》的新体例。

三、叙述直至最近发生的事实为止。

四、崇奉中华民国的正统。

五、凡今日已有科学根据的资料,如天文、气候、地质、矿产资源及各种统计,均用图表方式。

六、旧志中各项虚伪、荒诞、迷信的记载,全予删除。凡与时代不合的记载,如烈女、节妇等篇,亦予删去。

七、特别注意传记,每一人或每一事,可不限于一篇。各种不同的记载,可予并存。

樾老在云和住了三年,方因抗战胜利,而回杭州。他在云和的这一段时期,生活不但安定,而且文酒之会无日无之。其时物质生活清苦,但人人奋发,互信共信,精神上至为愉快。

民国三十四年新春,云和大雪。樾老住在离城十华里的大坪,为雪所困,不能出门。我约其来大庆寺梨园我家中饮春酒,他无法践约,却填了一首词送来:

烛影摇红　新年大雪

不道新年,门庭阒寂堪罗雀。雪深三尺断行人,有酒和谁酌?矫首相南非昨。细思量,已殊苦乐。窜身穷谷,茧足荒山,冲寒徒跣。莫漫多愁,天涯何处容安泊。已能高卧复何求? 羹事嗔衾薄。蓦地开缄欢跃,又生憎,缤纷洒落。青樽红烛,辜负居停,难酬佳约。

过了几天,雪止。樾老约我到他家中午饭。酒酣,樾老对客挥毫,送在座者每人红梅一幅。黄季宽当即在我的一幅上,题道:

忆孤山初换新装。湖上影飘谁伴得,应只有,鹤翱翔。

同座的项慈园(士元)先生也在画上题道:

一枝春意逗,慎勿误桃花。

于是宾主皆抚掌大笑,尽欢而散。樾老对项的题句,颇为欣赏,他说:"大雪之后,把酒画梅,乃是不久可以回到孤山寻梅的预兆。"是年八月,抗战果然胜利了。可惜这一幅梅花,连同《石门观瀑图》均因大陆□□而失去了。

樾老藏有万年少为顾亭林画的《秋江别思图》,并有万氏长篇题记,此文为万氏集中所未载。又藏有归玄恭为路安卿所写《越游诗卷》,后有顾亭林题诗。时玄恭已殁,亭林当时有所忌讳,不敢书哭,其痛可知。归之《越游诗》,共九首,皆七律,亦为其集中所未载,盖后之编集者亦系惧触忌,未敢编入也。

樾老每谓:"余藏此二卷,海内藏家多垂涎,欲以重金或他种珍品相易者屡矣,予皆未许。昔汪容甫题其所藏《定武兰亭真本》云:'嗟予薄祜,居贱且贫。晚获此宝,期没吾身。生莫之夺,亡或以殉。哀而听之,实唯仁人。'予以同此志也。"

但樾老终徇我之请,将归玄恭《越游诗》九律,用章草写成条幅六幅见赠,笔力雄健,一气呵成。而此六幅,亦随大陆□□而失去了。

我现在尚能背诵九律中之两首,默写如下:

片帆初挂阖闾城,一夜西风为送行。文酒尽拼豪士兴,江山无那楚囚情。秋深桑柘千村老,日暮烟云百里平。遥指钱塘江畔路,风光早晚向舟迎。

霜落高林水始波,叙舟江畔且婆娑。破除愁思黄花酒,寄托闲情百芒歌。此日山中携杖笠,十年海内满兵戈。醉狂亦是无聊况,应恕陶公谬说多。

归之游越,当系为联络遗民志士而来,并非太平时期之来观山水胜景,故樾老曾有次顾亭林哭玄诗原韵五古四首,谓:"集外越游诗,哀感信绝俗……此卷幸获存,终古留芳躅。"又谓:"即以文艺论,归顾亦健者……念此生死交,展卷为泣下。"

九

民国三十四年八月,抗战胜利,樾老自云和大坪先到衢州省视褚太夫人,再返龙游沐尘,而后返抵杭州。他有闻日本投降诗,及还抵杭州,樾老复有杂感六首,又有咏劫后西湖诗、杭州故居诗及悼乔松诗。他说他的诗集名曰寒柯,系因此松。

浙江省通志馆也于抗战胜利后,迁至杭州,我代为借得里西湖杨庄为馆址。其后,马一浮先生担任主讲的复性书院,也拟自四川迁至杭州,周惺甫(钟岳)及陈蔼士(其采)两先生托我代觅院址,我乃为借得杨庄隔壁的葛荫山庄。于是馆院相邻,图史互校。余、马二老,亦相得极欢。我常于晚衙散后,过里西湖,访二老闲谈。背倚葛岭,面对孤山。尤其夏日黄昏,卷帘十里,水面尽是荷花,荷香直入几案。小舟初系,二老已煮茗相候。于是文史纵谈,间以笑谑,每至忘归。

其时樾老在杭州,对杭州画家高鱼占(存道)先生的绘画,至为推重。高为杭州世家,住马市街三号。樾老每星期日上午,常到高家去谈画。湘潭袁巽初(思永)先生,于退休后住杭州市仁和路,也常去参加。高的房屋,尚系清乾隆年间所造,历经洪杨与抗战之役,未曾被毁。他在民国初年购进,费四万元。书斋前面有假山竹林,四面有明瓦窗。地系用磨砖,故室内感到宽敞明爽。民国三十六年春节,樾老自动请高先生画一幅《岁朝图》送我,确属佳作。

民国三十五年冬季,我经过上海,有人送我一幅汤定之先生画的红竹,是他晚年的作品,却只有单款。汤先生当时已患喉癌,不能言语。我送给樾老看,樾老对他的绘画老师的作品,仍十分敬慕。其时,齐白石的画名甚盛,而樾老则不欣赏齐氏的绘画,说他是野狐禅。

十

樾老于胜利回杭之后,仍继续担任浙江省第二届临时参议会副议长。民国三十四年十二月十八日上午八时半, 临时参议会在杭州基督教青年会临时会场举行第四次大会休会典礼。樾老再以副议长身份致词。(致词及提案略。)

民国三十五年九月一日,浙江正式省参议会成立,省参议员由各县之参议会选举。樾老由龙游县参议会选,并由省参议会选为浙江地方银行监察人。他在省参议会第一次大会中,为陈逆璧君所有的农场案,对中央派驻的苏浙皖敌伪产业管理局驻浙办事处主任钟君,提出询问:"陈逆璧君在龙游县十里坪的农场,当时系运用政治力量,才得建成。一部分的土地,是由于强圈,一部分民工,是由于征用。陈逆自己曾在战前亲自到龙游县看过,此为尽人皆知的事实。现闻中央侨务机关认为系华侨投资,并改名为务本农场,与陈逆无关,地方舆论哗然。应请赶速查封,拨交地方作公益之用。"钟君答复说:"该项逆产未曾知道,当去查明依法处理。"不久,该局撤销,此事乃永无下文。按樾老所说的陈逆的农场,我曾在战时去看过,桐树生长情形极好,而桐油在战时的需要量极大,因以获利至丰。樾老曾谓日后抗战胜利, 定可予以没收,则龙游县的地方教育与地方建设,均不愁没有经费的来源。谁知事有意外,难怪龙游县的人民不平与樾老的气愤了。

民国三十六年十二月十五日,浙江省参议会举行闭幕礼,时中央命令各省依宪法规定,选举监察院监察委员。在各省正式省议会未成立前,由各省省参议会选举。但内政部谓国民政府国务会议决议,各省选举须等待国府遴选之民、青两党各省省参议员名单公布,以便其得以出席投票。因以各省参议员须在杭州坐待至二十七日,省参议员某君在大会中谓,在此十二日中,所有全体省参议员之衣食住行,皆须由省政府负担。樾老闻言,即行起立大声谓食住行足矣,衣当由同人自备也,举座皆大笑。至投票之日,樾老选毛以亨,这是他事后告知我的。他说,一则毛系江山人,与其为衢属同乡。二则毛系民社党所提名,故以社会贤达身份投他一票。

十一

民国二十五年春,国民政府通令各省市选举制宪国民大会代表。后又下令延至民国二十六年夏投票,樾老与我均在浙江省当选。直至三十五年十一月,制宪国民大会始得于抗战胜利之后,在首都南京举行,樾老与我均赴京出席。樾老住傅厚冈三号,我住上海路八十八号。

十一月中旬,浙江省举行县长考试,樾老与我皆为典试委员,乃向大会请假,回杭主试。二十五日,举行典试委员会会议,樾老见试务处计算成绩结果,总平均在六十分以上者只七人,并见第八名只差零点一五分,乃提议加分,使此人及格。其时弥封未拆,固不知此人为谁。樾老的提议当获得通过,弥封拆开之后,始知其名为俞林昌,樾老与各典试委员皆不识之。十一月二十五日,樾老与我再同车到南京,继续出席制宪国民大会。关于国都问题,当时在会内会外均争辩甚烈,我们二人虽皆系南方人,却均赞同定都北平。

民国三十六年冬,举行行宪后第一届中央民意代表选举,樾老事先向地方父老声明,不拟应选。但结果仍以社会贤达身份,由龙游县选其为行宪国民大会代表。另一候选人童蒙正,得票较少,列为候补。民国三十七年三月,樾老赴京出席。于选举总统时,票投蒋主席;于选举副总统时,则票投于右任先生,这是他在会后回杭州时告知我的。

十二

其时,樾老虽为中央及省级两项民意代表,职务忙碌,但其大部分时间与精力,仍置于省通志馆的工作。唯抗战胜利之后,省财政极端困难,樾老与我及徐柏园兄乃共同具名,于民国三十六年二月二十日午刻,在上海南京路国际饭店十四楼,宴请上海银行、钱庄两业的浙江同乡,为省通志馆筹募经费。届时由我先说明修志的重要性及募款的缘由,继由樾老陈述其工作近况及募款所得的用途。同乡纷纷发言响应;当场即募得两亿元。旅沪浙江同乡对钱江义渡、全浙公会、复性书院,也均经常有捐款。又对各人自己家乡的教育、卫生事业,也都随时在捐助中。我故乡余姚县的阳明医院与姚江中学,就是由宋汉章(惟怀)先生与吴歌沧(国昌)先生等倡导捐助,才得成立的。

浙江省参议会对省通志馆的工作,也颇为关怀。民国三十六年四月,第一届省参议会举行第二次大会,就有几位省参议员对樾老提出询问,樾老自己也是省参议员,就即席答复。这是由一参议员询问,而由另一参议员答复的一个特例:

(一)廖参议员家驹:《艺文志》部分,文章材料太多,应设法减少,可否于有关部分下作小注。《氏族》部分,应加注郡名。又,《考异》部分,关于畲客之记载,或有不符,请详加考证。

余馆长答:文章别编《文征》。《氏族》加郡,容告各位编纂。畲族考证,昔日本席所作之《龙游县志》已有之,《通志》自应记载。

(二)叶参议员向阳:可搜集以前省志局保存之民初续稿作参考资料。各地采访员可义务聘请学者担任。又,《通志》完成期间,似可改定为六年。

余馆长答:民初续稿,已散佚不全。闻上海有一部分,已洽借参考。修志期间,原定八年,本人亦希望提早完成。义务聘请学者,担任采访工作,依据以往经验,收效甚微。

(三)陈参议员烈文:以往志书人物部分隐恶扬善,本席以为如通谋敌国之汉奸等,应口诛笔伐,以警后世。

余馆长答:本席所作人物表传例义末段有《人物别录》,即为汉奸而设。以其不配称传,故曰别录,此文已载在馆刊中。

(四)刘参议员于武:地方采访员,可分函各县参议会,请其介绍,广为延揽。又:总编纂应注意文体修正,以求全书体裁一律。

余馆长答:早经如此办理。

民国三十七年七月,重修《浙江通志》初稿之二《田赋篇》出版,樾老自写有发刊引言。此后□□军事日告逆转,法币贬值,物价飞涨。其他已成志稿,遂未能续印。未成志稿,亦未得续编。民国三十八年四月,□□□□浙省,当时的浙江省政府先撤至定海。听说主政者竟未通知省通志馆及樾老等人撤退,以致经过多年来征集的史料,与业已完稿尚未付印的志稿,及尚未完成的资料,全部□□。

十三

在抗战胜利复员回杭的一段时期中,求樾老的书法与绘画者甚多,而樾老独对我不但有求必应,而且随请随写。除前面提到的之外,民国二十九年九月一日,浙江行政学会为救助战地失学青年而创办的新群高级中学,在永康诗后开学。我被推任该校的董事长,先期往请樾老为撰校歌。他立即写就送来:

(一)汪汪学海,广博无垠。今来求学,敢惮苦辛。躬行实践,期作完人。群策群力,作新斯民。群策群力,作新斯民。

(二)泱泱祖国,吾辈至亲。欲求光大,舍学奚循。发扬蹈厉,期克艰屯。维新维群,为国之魂。维新维群,为国之魂。

(三)新新我校,今喜同群。维学是务,维德是尊。兴亡之责,端在一身。宏我新国,范彼群伦。宏我新国,范彼群伦。

抗战胜利之后,新群高中迁至杭州。并于三十六年在南山路自建校舍,十一月三十日举行开工典礼,樾老为书写基石:"中华民国三十六年十二月一日,浙江行政学会全体会员,为会所暨新群高中校舍奠基。"三十七年三月下旬,樾老又为浙江行政学会及新群高级中学书名,刻于新厦的二楼与三楼的阳台之沿。除夕下午,樾老又为新群校门写一联送来:

新知培浩气,群力挽狂澜。

并附一信谓:"校门联上句,兹复代为改定,似稍佳矣。所需墨量太多,遂不见浓厚……如不合用,当复书之。"这是樾老最后一次送给我的墨宝。不但来不及刻制于校门,并原件也留在校中,未得带来台湾。

抗战胜利之后,樾老在杭州,曾再定有润格。而法币贬值甚速,所得仍属无几。亲友皆知我与樾老熟识,常托我请求墨宝。如杭州基督教青年会大厅,在民国初年落成之时,曾悬有王荦(卓夫)先生所撰一联:"此杭州最新建筑,是青年第二家庭。"我少时每到会中,必诵其句。胜利回杭,此联已失去,我乃请樾老补写,樾老当即照写送来,我乃送交青年会总干事王揆生君,重新刻制,仍悬于原位置。此后因托我转求樾老墨宝者太多,我乃照其所定润格致送笔资。樾老初不肯受，我告以非如此则樾老与我，均将因求者太众，不胜其烦。樾老每次书好后，必致我一信。一次谓："竹幅写就送奉，依例此幅需六百万元（可怜不值两元钱）。"一次谓："属件书奉，润例附陈，所以使得者知值，非以图报也。"一次谓："昨夜奉润资，此是弟之生命线，下月起恐不能不调整矣。"

民国三十七年十一月，张默君先生在杭州，为邵翼如（元冲）先生营葬事。邵先生于民国二十五年十二月十二日，在西安殉难，国民政府明令国葬，默君先生初拟为之在南京营葬，后因朱骝先（家骅）先生的建议，决定葬在西湖。抗战军兴，灵榇匆匆奉移到西湖九里松暂厝。胜利以后，国府派定邵先生国葬委员会委员，计有张溥泉（继）、于右任、居觉生（正）诸先生，我亦在内。九日，默君先生自撰墓门联句，嘱我请樾老书写：

学系梨洲船山一脉，葬依鹏举苍水为邻。

黄梨洲为浙江人，王船山为湖南人，与邵张二人的籍贯相合。我当请樾老，他立即照写送来，并说明不受酬。这是我最后一次为人请他写字。

十四

民国三十八年二月，大局日非，我全家移台。樾老亦谓因其先世曾在广东服官，他自己亦能粤语，将设法先赴广州。不图未及成行，□已入浙。不久，他因牙疾住入劳动路浙江病院医治，竟致不起，享年只六十七岁。樾老平时常言必能长寿，我问他长寿之道，他说："五十岁离开政治，六十岁离开女人。因为政治工作之足以损人，尤过于女人也。"樾老每次言之，必大笑。他平时本极富于风趣，在抗战期间，因游名山住在寺庙中，寺僧每日以新笋供其佐餐。樾老谓："法师每餐请我笋，要吃得我胸有成竹了。"樾老对于饮食之道，也富有研究，他能自己入厨指导。他常在他人筵席间指谓："此鸡此鸭，死得冤枉。"主人因其说得有理，也就不觉得难堪。他家又藏有好酒、好茶、好烟，这都是他为人作画写字所易得者。故浙人闻樾老召宴，无有不赴者。而一般饭馆，闻樾老光临，也无不精心制作，希得其一言，以为光宠。其实，樾老只求食品的真味，并不要吃高贵的海味山珍。他曾在抗战期中，画了一张白菜、萝卜、南瓜等蔬菜图送我，他说："平生极少画蔬菜,也极少有人能画蔬菜。战时生活艰困,乃我等咬得菜根之时,也是真正能得饮食真味之时。"可惜这幅画,我留在杭州家中,未能带到台湾来。我四十岁生日的时候,写有自寿诗,樾老最欣赏的一首,就是:

> 门前有圃对山光,闲与妻儿共课桑。萝卜初收菘又长,传家好说菜根香。

他的诗集《寒柯堂集》,幸而马木轩(寿华)先生藏有他生前寄赠的一本,也就是海内的唯一孤本,已由我商得王云五先生的同意,由台湾商务印书馆予以影印,马先生写了一篇序。我又请了樾老的生前好友叶公超先生为之题签。叶先生也曾从汤定之先生学画,与樾老是同门的弟子。我自己则写了他的先世考与跋语。我并且将可能收集到的他的集外诗与文章,都附印在集后。但是这一本诗集,原来是在抗战期间印的,胜利之后又经重印,只有他从民国二十六年避寇时起到民国三十四年胜利回杭的诗稿,并不足以尽其生平的诗文之作。

至于樾老所写的字,与所绘的画,海内外流传的尚有不少。日后如能征集成帙,王云五先生也已同意,可由商务印书馆为之刊印一本专集。

一九七一年十一月三日,改写毕。

录自浙江人民美术出版社 2015 年 8 月版《余绍宋集》,编校者王翼飞、余平。原书注明"录自《彼岸》,略作删节"。该文初发表于台湾《传记文学》杂志第十八卷二期至十九卷四期,后收入阮毅成著《彼岸》一书中(台北传记文学出版社 1972 年 2 月印行)。浙江人民美术出版社对原文做了一定的技术处理,一是将个别词汇以□□替代,二是略去了一些太长的引文。阮毅成(1904—1988 年),浙江余姚人。1927 年毕业于中国公学大学部政治经济系,1931 年毕业于法国巴黎大学,获法学硕士学位。历任中央大学法学院教授、中央政治学校教授兼法律系主任、《时代公论》主编,抗日战争时期任浙江省政府委员兼民政厅厅长,1949 年去台湾。

余绍宋其人其事

黄萍荪

初次造访的印象

余绍宋(1883—1949年),号越园、樾园,别署寒柯,浙江省龙游县人,中国近代著名的书画家、史学家、法学家、著述家和鉴赏家。

我和越园先生初次相识是在1932年秋天。那一年我在杭州《民国日报》(后易名《东南日报》)当记者,因业务之需,首次去菩提寺路萱寿里17号拜访了余绍宋。当时国内报纸已报道了日本皇太后——日本天皇裕仁的母亲,不惜花重金购买余绍宋所写风、雨、雪、月墨竹四幅的消息。时值九一八之后,中日关系日趋紧张,这一新闻便引起了人们的关注。原来赋闲隐居湖上的余绍宋,因而也成为中外记者采访的对象。

我事先打听到,余绍宋在下午3时前是谢绝会客的。替我拉车的那位工友与余的驰者是同乡,他知道此老有凌晨4时起床点灯作画的习惯。于是我决定趁余氏早餐后小休这一间隙,来个出其不意的拜访。

余之所居,是一幢三间两层的西式小楼,为1928年秋南归后自建的住宅,余氏题其堂为"寒柯",名其楼曰"归砚"。那天我按了电铃,来启铁门的正是我那车工的老乡。他朝我会心地笑了笑,便接过我的名片,向内喊道:"香莲!"从里面走出一个十四五岁的女孩子,把名片接了过去。不一会,那女孩又从里面出来,彬彬有礼地把我引进了会客室。

在此之前,我还未曾会见过余绍宋。原来在我的想象中,他大概是一介文弱书生的模样;孰料亲睹之下,竟大出意外。那是农历八月,杭谚谓之"桂花蒸",气温并不急剧下降,但清晨毕竟有些凉意。主人穿的是一身浅灰杭纺中式褂裤,外罩对襟玄缎夹马甲,身材昂然,竟高我一颈;目光炯炯有神,配着他上唇的那一撮浓髭,更显得有股威凛不可夺其志的气概。不知如何,看他这副气宇轩昂的模样,我就想到《江城子·密州出猎》中的苏东坡:"老夫聊发少年狂,左牵黄,右擎苍,锦帽貂裘,千骑卷平冈。为报倾城随太守,亲射虎,看孙郎。……"倘若拍一部描写苏东坡的电影,我想要是由余绍宋来饰演东坡太守,那该是极合适的人选了。因为他是苏长公的崇拜者之一。

彼此寒暄了几句,余先我而道:

"我闲居湖上,卖画为生,早与时事政治了无相涉,可谓是个时代落伍者。先生一清早枉驾光顾,定会大失所望的。"

听了他的话,使我这个初出茅庐、滥竽充数的记者几乎凉了半截。我曾听说,余绍宋以老同盟会员身份自居,对于新派"风云人物",尤其是国民党省党部的那些头头,他时有热嘲冷讽;有时甚至在稠人广众耳热之际,也会不顾三七二十一,语惊四座,叫对方下不了台。以他五十上下的资历,若要玩区区年未而立的小记者于股掌之上,我又如何应付得了? 念及此,我真有些懊丧这份差使落到自己头上了。但我从事此业,毕竟也有年余,积年余之经验,勉为应付:

"此番造访,非为谈时政而来,"我硬着头皮说道,"因久闻先生徜徉于湖光山色之间,寄情于笔砚指腕之下,雅逸高格,令人钦敬。在下想就先生之声容笑貌、饮食起居、家庭布置等,采些'轶闻',作一速写,以飨读者。用我们业内的行话,这叫'软性新闻'。……"

未待我说完,余便纵声大笑起来。音回四壁,久而始息。

"黄先生,我是个硬性人,你要'软性新闻',可不是南辕北辙了? 哈哈哈! 不过既是尊驾光临,我也不好怠慢,——且跟我到屋内外转转如何?"

没想到主人竟这么爽快,我连忙点头称谢。

就这样,余绍宋导我先穿过了他正屋左侧月门内的三楹书斋,绕过曲廊,小立庭院。院子不大,不过四五十平方米,院中杂栽了一些花木,品种虽不多,却也姹紫嫣红,葳蕤纷披;尤其引人注目的是两株老桂,时近中秋之日,繁花满枝,累累若串珠,香透垣外,沁人心脾。还有那临轩的十数丛幽篁,不由教我又一次想起了苏东坡的话:"可使食无肉,不可居无竹;无肉令人瘦,无竹令人俗。"主人为写竹神手,其居处又焉能少此潇洒之物?

待我们跨上台阶，转入厅堂，便如置身近人画展。两壁尽是三尺长的楠木镜框，共十六幅，几乎囊括了北平、上海、杭州三地的书画名家，计有陈师曾、齐白石、溥雪斋、溥心畲、陈半丁、陈伏庐、姚茫父、张大千、吴湖帆、冯超然、吴待秋、商笙伯、王一亭、何香凝、陈树人、高野侯等人的山水和花卉画；中堂悬挂着马相伯老人书写的一个巨幅的"寿"字，配有章太炎所书的篆书楹联。这一组书画，上款都落的是"寿余母褚太夫人六旬大庆"。

余绍宋以颇为风趣的口吻笑着说："这是那年我借母亲寿诞所打的一次秋风。不过也是欠的一笔大债；他日别人有庆，投桃报李，我又哪能逃得掉？且还不能马虎了事，因为来者都是方家、大家、法家哪，哈哈哈！"

在主人的笑声中，先前那个名叫"香莲"的女孩儿替我们打开了一边画室的门。

这是三楹书斋中右侧的一间，主人平时阅读、写作、绘画都在这里。临窗一张加工特制的写字台，台面有一般书桌两张半大，上面平整地铺着一条白毡毯。转椅左侧的墙上，钉有一道五尺长的木条，条上有一排钩，挂着长短不一、毫种各殊的一长列毛笔，真像是排立着等待受检阅的仪仗队。画室正中挂着一幅石涛的山水真迹，虽笔墨不多，却天趣盎然。旁有高鱼占的铁线篆一联，长跋约百余字，道尽主人当年如何退出政坛，如何治学游艺，以及卜居湖濡的一段经历。左壁悬泥金锦裱寿屏八幅，恭楷不苟，为新会梁启超所撰书。梁启超曾为余绍宋所著《龙游县志》写了洋洋数千言的序文；以梁任公的地位、学术、文章，对稍晚其学的余绍宋有如此深挚之谊，即此亦足见越园在史学、画学方面的造诣自有卓然特立之处。右壁用图钉钉着主人自写的山水数幅，多为墨骨初稿，有的要等墨晕干后设色，有的尚待推敲、补笔加工；其中唯有一幅五尺中堂的青绿，显得颇为刺目。

我举首审视有顷，便对主人直抒自己的感受了：

"我倒喜欢先生的水墨写意，取其萧疏淡远，兼具倪、董风致，恐怕您下笔也省事些，对买家又是七折优待。像这类青黄红紫堆砌的，功夫既费，我想也未必胜于先生的水墨。当然，这仅是我个人的爱好。"

余绍宋听后，莞尔而答：

"没想到你这外行也谈言微中，可算得半个内行了。不过老弟你知其一，不知其二。你不听说新近有不少暴发户，纷筑别墅山庄于湖濡？为了附庸风雅,他们少不得要用些花花绿绿的画图补壁;也有人宁出高价,要求画面彩色缤纷,持以钻营门路,孝敬达官贵人的。你不见有个'海上闻人',在西泠桥堍经营一兔窟,虽然胸无点墨,书房中照样排满了《图书集成》《百衲本二十四史》《资治通鉴》? 我是卖画的,和'商务''中华'卖书一样,买主点品,按润付值,其他我可就不过问啰!"

余绍宋脸上泄露出一副漫不经心的超逸神情,随手拿起一个托白铜镂银嵌花的水烟筒(这种烟具,现在大概只有从老舍的《茶馆》——舞台剧或电影中才能看到),把长而曲的管道塞入口中,熟练地口吹"福"字,点燃纸媒,咕噜咕噜地吸了起来。刹那间,满室氤氲缭绕,如坠雾中。我瞧他那副悠闲自在的样子,便乘机问道:

"日前中央社电讯,说日本皇太后以重金购先生墨竹四幅。不知是出自爱好,抑或别有动机? 请恕我鲁莽发问。"

余绍宋握水烟筒的手略顿了一下,又咕噜咕噜地吸起来,沉吟有顷,"咕噜"暂停,开口道:

"先生来了许久,这下问到点子上了。要问日本皇太后何以对拙笔欣赏至此,不惜重价而沽,我和先生同样,难猜是中机关。不过有些日本人对于吾国国粹研究之兴趣,好像比中国人还要大,这也是事实……"

接着,他从杭州三贤祠的兴废,说到日本人对苏东坡的研究,和他们对于文同、苏轼以至郑燮的各派墨竹的兴趣。"听说日本天皇的母亲偶尔兴至,也喜欢画几笔呢。"谈到竹和苏东坡,余绍宋的兴致来了,有关的话题便滔滔不绝,一时竟忘却烟筒中的福建皮丝已空空如也;及至发觉,他便干脆扔下水烟筒改吸白锡包了。

"还有个问题要请教:日本人一向精打细算,何以不按先生的润例付值,竟以高出十数倍的代价购买先生的翰墨? 这其中……"

我没有忘记自己关心的题目,一有机会便连忙追问。

"老弟,你问得太天真了。要知日本人平日虽是精打细算,但他们把钱花在刀口上,却是满不在乎的;千金买马骨,也在所不惜。他们大概以为我在日本受过教育,之后又在北京当过几年不大不小的官儿,眼下又弄弄笔墨,倘若把我藏在他们的'夹袋'中,必要时往赌局上一掷,可能多少会起点作用——未雨绸缪,自然手笔就得阔绰些啦! 不过,这只是一厢情愿的话。'司马昭之心,路人皆知!'老弟,你处在当前中日局势最敏感的业内,尚明知而故问,难道还要让鄙人自下注脚吗? 不过,你可别忘了:竹自有节,善写竹者又岂能忽此节乎! ”

余绍宋说着说着,脸色就变得严肃起来,说到最后一句,他突然把手中的白锡包一下扔开了,又重新捡起那个托白铜镂银嵌花的水烟筒。

主编《金石书画》前的一段插曲

初次造访之后,我和余绍宋开始有了交往,但彼此相交最频繁的时期,是在 1934 年至 1936 年之间,其时我协助他主编《东南日报》的《金石书画》副刊。

当时的《东南日报》社长胡健中,打算在该报日出三大张十二版的阵容下,每旬再出一“随报附赠,不另取资”的四开增刊,拟名《金石书画》。由谁来主持其事呢? 此人既要内行,资学兼优,又须素孚声望,在读者群中有一定影响。胡健中在心目中已属意于一人,有一天他把我找了去,问道:“萍荪,听说你太太是龙游人?”

我听此言有点丈二和尚摸不着头脑,稍一迟疑,便答道:“不错。”

“听说你和余绍宋还沾点姻谊,是吗?”

这一问更有些蹊跷,我一时简直不知如何回答是好了。胡老板笑了笑,干脆提醒我道:“你家挂的那幅墨竹,上款不是落的‘萍荪姻兄’吗? ”

我也被他说得笑了:“这个‘姻’字可沾得勉强,——不过是一时客气的戏称啊! ”

胡老板说:“我可不管他勉强不勉强。既沾上了一点‘姻’,说话便可进占一尺。明天请你替我去萱寿里跑一趟,就说报馆先派你征求越园先生同意,请他主编《金石书画》旬刊。如蒙应允,我们社长约日再行造府面请。”

“走一趟不妨”,我忙答道,“不过效果如何,未可预卜。”

老板马上给我戴高帽子:“为事在机,成事在人嘛! 凭你三寸之舌,七分把握,准有着落。再说那年我报登他的‘访问记’,版面显著,评价很高,人总不会不讲交情吧! ”

就这样,我去萱寿里替胡健中做了说客。没想到余绍宋竟十分爽快地答应了,不过他提出了约法三章:

一、《金石书画》旬刊的体例须仿《故宫博物院周刊》;

二、选材不受报馆干预;

三、他本人不属报馆成员，不受酬；但要派助手。

我回去向胡老板复了命，老板并无异议，于是约日登门，正式延聘。

又隔了数日，胡健中特在杭州旗下井亭桥埭的第一流酒家聚丰园设宴，邀请了湖上金石书画、碑帖版本方面的收藏精鉴名家，还特邀了两位宁、沪来客——经亨颐和叶恭绰，隆重宣布对《金石书画》旬刊主编和助编的聘任。主编为余绍宋；二助编，一为陈伯衡，他精鉴碑帖，人称"黑老虎"专家；一为王季欢，名兴，长兴人，他是个收藏家，20年代在上海也办过类似《金石书画》的周刊。陈伯衡是余绍宋自己提出的，王季欢则是胡健中看中而临时面约的。余绍宋与王季欢不甚投机，但又不好表示反对，对此心有不怿。我记得两人在聚丰园之宴就发生了龃龉，不过事情是由王季欢挑起的。

是夕，酒过三巡，主人致辞，宣布了对《东南日报》副刊《金石书画》主编和助编的聘任。与宴者一致鼓掌，以表赞同。正当觥筹交错、酒酣耳热之际，王季欢忽然从口袋中摸索出一柄折扇，悠悠然摇晃着，凑到余绍宋面前说："余先生，请鉴定一下，这是亲笔还是赝品？"

这突兀之举，使余绍宋确感意外。不过他随即接过折扇，略看了一眼，谦虚地婉言而答："王先生，这不是赝品，确系鄙人十余年前从师学习时的劣作，不知缘何落入先生手中？倘若足下应允，今愿以松竹梅兰四幅或山水一轴相易。"

原来当时的书画家都有这一习惯——总是多方设法收回自己早年未成家时的作品，生怕"谬种流传"，影响盛誉。余绍宋显然也是有这想法吧，谁知王季欢却硬是不肯成人之美。他一把抢回余绍宋手中的折扇，故意把它四座传阅，振振有词地说："新缸没有旧缸牢，新鞋哪有旧鞋舒？弃旧迎新，君子所戒，我王某可不肯这么干啊！不过余先生若一定要换也不难，你我先尽十大觥，而后拍板成交，干不干？"

这番当众奚落，显然把余绍宋激恼了。他平素虽豪于饮，但严于自制，不乐酩酊。此刻箭在弦上，不得不发，便大声道："别说十大觥，翻个倍也不在话下，'三酉'其奈予何！"

王季欢本是个一沾酒便装疯佯狂之辈，这时兴风作浪，更为得意："好啊——丈夫一言！"

"老夫加你一倍：八马如何？"

双方剑拔弩张,胡健中和陈伯衡连忙离座相劝,一场小风波这才平息下去了。王季欢本来已是微醺,又接着几大杯下肚,最后喝得烂醉,只得由两个堂倌扶着他一歪一斜地登胡老板的专车而去。

这里附带一笔:虽然余、王在《金石书画》旬刊刚刚开张就有了隙痕,但未几王季欢就忙着陪他那位电影明星夫人王汉伦打起离婚官司来,一时成为桃色新闻记者急于采猎的对象。他自顾尚且不暇,当然也就无法找余绍宋寻衅滋事了。这对于余绍宋来说自是一件幸事。后来王季欢的离婚案终于了结,他就此也就破产了。

《金石书画》的风格

当时《金石书画》旬刊的稿源,除摄自杭州的藏家外,也有不少是北平、上海所藏的珍品。每件均制成尺寸不一的铜、锌版,字体大都采用《说文》或钟鼎、石鼓、大小篆。《金石书画》是随《东南日报》附赠的,每旬一期,逢五出版,用白报纸印刷。但另有用米色道林纸精印的全年合订本,每本取费二元,行销远至日本和东南亚各国的侨胞中。随报附赠的成本,尽可收于合订本而有余。

《金石书画》从发稿到排版、制版、校对等一干琐屑之务,主、助编是不问的。余绍宋向报馆要人料理这些吃力不讨好的工作,胡老板眼珠骨溜一转,这份苦差便落到了我的头上。旬刊刚出了几期,会计师嫌每期的制版费用太大,说已远远超出预算;排字房也嫌特种刻字太多,顾应不暇,都要求节钱省工,让我婉言转告余绍宋。我只好硬着头皮赶往萱寿里。

余绍宋听了我的转达大不高兴,眉头一皱说:"我不是和胡老板有约在先:此刊不办则已,办则必仿《故宫周刊》。本来办这类刊物就是要花钱,倘若锱铢悉较,那就干脆停办!"

碰了一鼻子灰,我只好回去如实向胡老板汇报。老板自然也奈何他不得,只得听任余绍宋的意志办事了。

余绍宋对于《金石书画》的编务是一丝不苟,极其认真的。有时纵使一字之差,即或清样已就,虽在夤夜,他也会派专足找到报馆编辑部来。我还记得当时余绍宋派人送来的信件,有不少在信封右侧写着"限即刻到"的字样,有的在左上角还划有三个"十"的紧急符号。

余绍宋主编《金石书画》有三个特点:

一、不做自我宣传，不刊登自己的作品，除刊头四字为其所书外，再不落半点痕迹。余绍宋常说，任何一种报刊，倘若经常把主编的作品摆在显著地位，读者和外稿作者日久都会望而生厌，嗤之以鼻的；不过同人报刊不在此例，因为同人报刊的宗旨本来就是"自敲锣鼓自喝道"。

二、刊登每一幅古、近人书画时，皆摘录其小传，并附按语，说明其师承、源流和影响，分析其布局、气韵和题识。

三、对于刊选作品，申明"不阿古人，不薄今人"；尤其对伪托部分，不仅不加贬鄙，相反还作一定程度的定评。

余绍宋在其《书画书录解题》中就曾这样说：

> 伪托之属，必确知伪托者，始入之。技术之书，本多依托，原不为奇；所以别为一类者，非学时髦，以疑古为能，意在便于探讨，不使淆入各类中耳。其实南宋以前伪书如欧阳询《三十六法》、王维《山水论》之属，半为历来相传口诀，后人特附益成文，以图行远，非尽出于臆造，其中不无精义，未可因此全黜其书。幸读者勿以列入而轻视之也。

在余绍宋主编的《金石书画》副刊中，曾多次把名家的真迹与伪托的形神兼具之品比肩并蒂而列。例如同时刊出两幅唐寅的仕女，两幅石涛的山水，一真一伪，要读者评判优拙，下期揭晓底里。读者中虽不乏法眼，但要破此迷阵，信口开河是不能服众的，必须从纸张、墨色、题款、印鉴、笔路等一系列的关节中逐一击破，并以有力的论证做出书面答案，才能使内外行一致推重你的鉴赏功力。这一独特的检验读者学力、眼力的编辑手法，突破了一般书画刊物刻板的布排，颇能引起读者的兴趣。时至今日，读1982年中华书局出版的《学林漫录》第六集，有《萍斋书画札》一文，作者在文中也极力称赞余绍宋精鉴书画的金刚眼力：

> 30年代，浙江的余绍宋，也精于鉴赏。他在1934年至1936年间，主编过《东南日报》的特种副刊《金石书画》。有一张华喦的花鸟手卷，很多人说是真迹，余绍宋坚持是赝本。后来，在广州藏家黄子静处发现此卷的真迹。两件一比，假不胜真，别具风韵，大家都叹服余绍宋的精鉴。（华喦花鸟卷真迹刊《金石书画》第68期）……1953年夏，我

卧病杭州新宫桥河下,房东老人晓得我喜欢古代书画,特地从一位姓戚的老画师处借来两件古画给我观赏。其中一件是文徵明的山水手卷,绢本,古色古香,装裱精良。画很有水平,但不可能是文徵明的真迹。可是,引首却有已故鉴藏家高野侯(他的梅花画得很好)的题识:'文徵明山水真迹。'卷外有余绍宋题签:'高野侯先生鉴定文徵明山水真迹。'显然,高野侯的题识是随便写的,而余绍宋的题签则明知不对,却把不对推到高野侯身上。委宛之笔,令人发笑。

余绍宋精于鉴赏的功夫,主要得力于他早年游宦北京那个时期见多识广,默会于心,且锲而不舍;又遍览了历代论书论画的数百十种著述,从中汲取了丰富的知识和技能;因而他才卓具如此"金刚眼力",令人折服。

"作者之为圣",非圣不敢奉陪

《东南日报》的《金石书画》副刊前后共出了八十多期。余以在野之身,隐栖艺苑有年,虽然和国民党浙江省机关报有着这一段《金石书画》"姻缘",但其为人耿介,本人不属报馆人员,且事先申明选材不受干预,因而使该刊具有相对的独立性。余身为主编不受酬;但报社的胡老板心中有数,每逢端午、中秋、年终送去的三份节敬也着实可观,且都精选受馈者心爱之物,然在关键问题上胡健中却无法左右这位义务主编。记得当年胡曾别有会心地组织了一个"作者协会",企图笼络一批杭州文化界的知名人士加入;余绍宋自然也在网罗之列,打算"选"为该会"常务理事",以资号召。组织"杭州作者协会"的消息先一天见报后,翌日我就奉老板之命,带着一叠入会的空白表格去萱寿里找余绍宋。

余一见我,便摇着头微哂道:"你们要发起组织一个叫什么……'作者协会'?"

"没错,有这回事。你老想已见过报了。"我笑着答道。

"回去上复贵会发起人,就说余某说的:给你们编《金石书画》,不过是出于我的所好;至于'作者协会'之类,我实在是意兴索然!"

我略一皱眉,为不辱使命计,试图再以他语动之,不料反惹发了他一大通议论。他从孔夫子所谓的"述而不作",讲到做一个作者应有的神圣职责,曰余非圣,不敢奉陪;又讲到目下不少人对于当权者的阿谀奉承,大大亵渎了"作者"二字……讲到淋漓痛快之时,他甚至不客气地把"作者协会"斥为韩非所谓的"五蠹"之一。

我知道事情难有转圜的余地了,只得起身告辞,把空白表格原封带回。

老板问我此约如何?我只好把余绍宋的意思浓缩成这么一句话:"作者之为圣,吾非圣者,愧不敢随诸君后!"

胡老板笑了笑,说:"什么'作者之为圣'!一句话,我们的池小,容不下他这条大鱼是真的。"

余氏早年之经历

因余绍宋主编《金石书画》旬刊,我和他过从较密,平日闲聊之际,对于他早年的经历也约略有所了解。

余绍宋的祖籍是浙江龙游,其祖茔、宗祠、族人都在本县。余绍宋的曾祖余恩铢,号镜波,于咸丰初年游宦岭南,曾在广东连州当了数年知州。余恩铢生子福溥,字滋泉,擅写山水,曾蜚声岭南,因而余家先世颇富收藏。余恩铢晚年弃官归乡,因龙游旧宅毁于兵灾,于是移居衢州。余福溥之子庆椿,生子二人,长绍宋,次绍勤。后来两兄弟长成,绍宋服官,绍勤经商。解放前龙游县城有爿"滋福堂"中药铺,即为当年绍勤所经营。因为其祖父名福溥、字滋泉,店名"滋福堂"亦含有纪念之义。当时从堂额起至柜上的立招和各种丸、散、膏、丹的条牌,均出自绍宋亲笔恭楷。(按:余绍宋所书之"滋福堂"隶书匾额,"文化大革命"时毁去,上月已复旧观。)

余绍宋之父余庆椿,曾任龙游凤梧书院山长。余绍宋5岁开始识字,7岁入家塾读书,课余并受曾祖的教诲。13岁时,随父侍读于凤梧书院。因长辈督教甚严,余绍宋未冠即能熟诵经史百家。16岁中秀才,又三年食廪饩。其时余绍宋涉览群书,专心于经世之学,尤喜研究史学。当他读到章学诚所著《文史通义》一书,又取康熙龙游县志细读,发现有许多不足之处,激起了他对方志研究的兴趣。此后于史学攻之尤坚,平日学习一有心得,便笔录之,至19岁已成读书札记十余册。

光绪二十一年(1895年),余绍宋的祖父和父亲相继去世。其父余庆椿在日,视本县志乘年久失修,所见还是康熙时代撰本,有志重修,以填补自康熙、雍正、乾隆、嘉庆、道光、咸丰、同治以至光绪八朝之二百四十余年空白。无奈碍于地方官吏罔问其事，每任扯皮，延宕不决，庆椿赍志以殁。余绍宋后来每与人言及此，总要引《太史公自序》以自励："太史公执迁手而泣曰：'……余死，汝必为太史；为太史，无忘吾所欲论著矣！'"正是这样的启迪，敦促余绍宋树立了重修《龙游县志》的决心。

光绪二十九年（1903年），清政府宣布废除科举制，凤梧书院改为学堂，21岁的余绍宋初露头角，被聘为学长。其时他已攻读了经史学的大量书籍，逐步掌握了治学方法，并有了广泛的社交能力，结识了当地不少学者。他在本县执教的半年时间中，每逢假日，足迹遍历县之四郊，周览山川形胜，访问耆老故旧，探寻文物古迹，留意每一历史变革时期人民所受的苦难和社会经济状况、风俗习惯等。他把所取得的第一手资料与龙游县旧志考订校对，写成了《旧志订讹》一篇。这是他有关方志学的最早著作。

当时担任学堂总理的是余绍宋的叔父余与九。余绍宋曾与他议及重修龙游县志，但终因人才物力两缺而未能举事。不久，余绍宋便与好友马叙伦一起，东渡日本留学。

关于这段经历，后来余绍宋曾这样自叙：

> 科举既罢，兴学之议起，吾县亦设学堂，讲求新学。堂中有学长一席，略同于助教。绍宋承其乏，居学堂者又半年。……读书遇有涉及县事者，辄笔记之，积久盈寸。逾年绍宋游学海外，县助束装费二百金，即出自修志余款。为数虽微，而私念今日地方以此款赠行，他日所以报之者，别无他道，盖至是而修志之意遂决矣。

余绍宋得知自己所受的二百元钱束装费，是从历任龙游县令为修志所筹的公款中拨出，心中着实感动。他认为公款来自父老乡亲的血汗，今日自己愧受一分，来日就当有十分的贡献来报答乡亲。这就更坚定了余绍宋日后重修《龙游县志》的决心。

余绍宋在日本东京就读于明治法政大学法律科，与许养颐、阮性存同学。宣统元年（1900年）底，他学成归国，以当时人所谓的"洋翰林"身份，任外务部主事；后返杭州，任浙江官立法政学堂教务主任。不久，又与许养颐、阮性存共同创办浙江私立法政学堂，由阮性存任校长，许养颐任教务主任，余绍宋为教员。

业余修志，日以继夜，三载而成

民国元年（1912 年），余绍宋应聘入京，担任司法部金事、参事，同时兼任国立法政大学教授等职，自此久居北京，题所居为"余庐"。自民国十年至十三年间（1921—1924 年），余绍宋曾担任司法部政务次长。其间利用公余耗时三年，他以一人之力编撰了康熙以后的《龙游县志》42 卷，终于得遂其耿耿于怀之宿愿。1925 年，所纂《龙游县志》出版印行。

关于《龙游县志》的修纂情况，余绍宋曾这样自述：

> 此三年中，饤饤故纸，埋首丛残，几于人事都废。卜昼不足，继之以夜，辄至晓星入户，家人促寝，犹不能自休，自问尽心焉耳矣。

《龙游县志》倾注了余绍宋的一片心血，博得了梁启超的赞誉，他特地为余绍宋写了约三千二百余字的序文，把余绍宋的《龙游县志》与章学诚所纂的《湖北通志》《永清县志》相提并论，认为余绍宋的史识和史才绝不亚于章学诚。

余绍宋在皖系军阀段祺瑞执政的时代，两任司法部政务次长。第一次是在董康任总长之时，第二次是在卢君之任内。在董康任内，发生了举世皆知的所谓"金佛郎案"。第一次世界大战后，由于法、意、比等国货币贬值，由法国率先作俑，向北京的段祺瑞政府提交照会：嗣后中国偿付的庚子赔款，一律按美元折数。当时国会以中国损失过巨，提出反对。但段祺瑞生恐得罪列强，硬压国会通过法国的提议和意、比的援例。国会通过后，国务院即令所属各部总次长副署。其时全国舆论哗然，司法部首当其冲，因维护法制有责，理当反对，否则和卖国者沆瀣一气，为世诟病。于是总长董康首先辞职。政务次长余绍宋虽未辞职，但他拒不副署，遂亦被罢免。

之后司法部总长又换了几个，直到卢君之出任总长，因慕余的风节，请他再度担任该部政务次长。未久，北京又出现了 8 所大专院校学生为反对王九龄出任教育总长而请愿，与武装军警发生冲突的事件。学生惨死多人，18 人被逮捕入狱。社会舆论和受害学生家长纷纷指斥军警野蛮行凶，要求司法部惩办凶手。由是司法部只得咨函陆军部，责令交出肇事凶犯，以平民忿。但陆军总长是由段祺瑞本人兼任的，他怎么会把司法部放在眼里?反而倒打一耙,说此次学生"闹事",司法部乃其后盾,下令免去司法部总、次长之职,以维"法纪"。这样,余绍宋再次被罢了官,他才感到宦海浮沉,仕途险恶,在军阀专横的政体下,法制已被践踏、蹂躏殆尽,自己纵然精学法律又有何用? 一念及此,遂绝意政坛,视本行如敝屣,而以授课、精研书画和著述终其身了。

余绍宋居京十余年,退食之余,精研金石书画。他早在1915年,先是结识了著名画家汤定之,拜他为师习画,之后便矻矻于宋、元、明、清诸大家的真迹和影本中。余绍宋的书法宗二王兼学颜鲁公、李北海,章草宗宋仲温,也兼写篆隶。后来余又与汤及陈师曾等组织了宣南画社,吟诗挥毫,切磋艺事。先后参加该会的还有梁启超、姚茫父、溥雪斋、溥心畬、陈半丁、王梦白、沈尹默等。

撰辑书画技术理论专著,颉颃《艺舟双楫》等作

1926年,余绍宋先后撰成并出版了《画法要录》和《中国画学源流之概观》。《画法要录》是一部艺术理论与技巧技法相结合的工具书。作者自云:"此余往昔读论画诸书时,随意辑录之作,意在整理旧籍,订讹误,杜剿袭,以明画论之源流,使成为有系统之科学,故以近代科学方法为之分类排比。计前录三篇:一、通论;二、气韵;三、画病。总录六篇:一、布局法;二、用笔用墨法;三、钩皴擦染法;四、点法;五、设色法;六、临摹法。分类法六篇:一、树木画法;二、山石画法;三、水泉画法;四、四时景画法;五、点缀画法;六、杂画法等。"(见余著《画法要录》)

1927年直、奉战争起,奉系军阀张作霖企图从东北入关,直系军阀吴佩孚准备倾巢迎战,双方盘马弯弓,如箭在弦。一时时局阢陧,梁启超和余绍宋皆避居津沽,托庇租界,以保身家及私藏文物的安全。在客居天津一年余的时间内,梁启超着手编纂起《中国图书大辞典》来;余绍宋也不甘空度时光,即动笔编纂《中国美术史》,可惜后因南归途中手稿书籍散失,该书未得问世;不过却为他后来撰写《书画书录解题》一书打下了雄厚的基础。

当时在北平图书馆供职的梁启超之侄梁廷灿,这样写道:

> 侍先叔任公先生读书时,听称道先生(按:指余绍宋)著述,精思

独辟,不喜蹈袭前人。尤以所创'序例',可为后世法。丁卯夏,先生移居津沽,与先叔朝夕过从,纵谈学问,间及当世事。趋侍间,时得亲聆言论文采。其时先叔方从事《中国图书大辞典》,而先生亦正草创《中国美术史》。先生擅精书画,故平昔搜罗言书画之书极富;而其学深于史:于七录、七略之流别,无不贯通。谓此书成后,将原有资料重为整理,可入《图书大辞典》书画部分。书未写定,省亲南归。《图书大辞典》因先叔辞世,亦随而中辍。此二书不得与社会相见,实学术界一大损失也。

梁廷灿论余绍宋的治学精神及他与梁启超的相契之深,均见余绍宋所著《书画书录解题》跋。

1928年秋,余绍宋自津南归,在杭州自建住宅,奉母而居。在此期间,他与在杭的一批书画家、诗人词客、篆刻家发起创办了"东皋雅集"。"雅集"命名为"东皋","东"指苏东坡;"皋"者指苏东坡谪黄州时初居定惠院,后迁临皋院之意。每逢农历正月十七苏东坡诞辰,"东皋雅集"的成员便聚会在一起,大家轮流主持,先祭苏东坡,而后择一幽雅的山庄别墅,饮酒赋诗,或书或画,各适其兴。"东皋雅集"的活动前后持续了十年左右。

其时余绍宋虽然赋闲,却勤于著述。他认为:"凡治一艺,必通其学,乃可以善其术。书画之为学,有其源流派别及其法度。明乎此,而世俗凡近之见,无以易吾所自得,而奔赴腕下者,神明规矩,始卓然而有以树立。"为此余绍宋细读了自东汉迄近代1700年间的860种论画论书著作,将其按性质分为史传、作法、论述、品藻、题赞、著录、杂识、丛辑、伪托、散佚等十类,除散佚类外,都载明卷数、版本、著作人,并评论内容得失,遂成《书画书录解题》一书。

余绍宋评论历代各类论画论书著作,既不忽略古人,尤着重于近人;近人中对于康有为的《广艺舟双楫》、黄宾虹的《古画微》、徐世昌的《归云楼题画诗》、金梁的《盛京故宫书画录》、庞元济的《虚斋名画录》、邓实的《谈艺录》、杨逸的《海上墨林》、汪兆镛的《岭南画征略》、陈衡恪的《中国绘画史》、李放的《八旗书画录》、滕固的《中国美术小史》、朱应鹏的《国画爱皮西》等,均有较为中肯的评述;而对浙人之所著,如郑午昌的《中国绘画全史》、潘天寿的《中国绘画史》等,则备加注视;其中对于郑午昌,尤为推重。

《书画书录解题》成书于 1931 年，出版于 1932 年。据传此书近年在日本东京已有了新译本，台北和香港也继起剞劂。幸浙江人民出版社急起直追，于 1982 年 11 月间也出了精印本。可惜浙社是据 1932 年北京图书馆排印本影印，未有断句和加注，给现在一般读者的阅读带来了一定困难。但它的学术价值仍是不容忽视的。

往事历历，时萦脑海

我和余绍宋自初次相识后，彼此的友谊便迅速增进，其中一个重要因素是乡音的沟通。我妻子是龙游人，她和孩子都擅龙游腔；一家子以多数压倒少数，我的杭州话在家中只好靠边了。余绍宋也是龙游人，在没有外客时，用龙游话与他交谈，彼此的感觉便倍加亲切融洽。

这里补充一笔：余绍宋不独说龙游话。他早年游学日本，对日语亦颇精通，后来宦居京都十余年，对京腔也操运自如。在这点上他不像蔡子民、章太炎等人，在北京待了许久，乡音始终未改只字。此外，余绍宋还善粤语，此事对我一直是个谜。直到 48 年后的今天，我问到余绍宋的第三代余子安同志，才算解开了谜底。原来余绍宋的母亲虽籍隶山东，却从小随父服官岭南，因弃鲁易粤日久，于粤语自然娴熟。而余绍宋自幼随母，便不能不受影响；后来余绍宋宦居京都，又与几位广东人，如新会梁启超、番禺梁鼎芬、顺德黄晦闻等，往来较为密切，这就使他的粤语又得了操练。余绍宋不仅善粤语，还擅粤味，平日爱食蚝油。他亲手烹制的"蚝油牛排"，大约可与沪上之"新雅"媲美。

余先生自以忘年交视我后，我亦成为菩提寺路萱寿里 17 号的常客之一。在先生那间插架连窗、牙标锦轴之收藏充栋的书房内，得以时时聆听他的教益。有好些话至今犹萦绕耳际，令人难于忘怀。

"方志和笔笤，算得上我的两门偏嗜，"余绍宋有一次兴致勃勃地对我说，"我买书，为图实用，并不苛求什么宋元明刻、孤椠善本，——那是有些夸耀豪富的人希图装潢门面的玩艺儿。我爱聚各省《通志》《府志》《县志》，这样足不出户，便可运天下九州之识于股掌之上；我也爱聚古今各家论书谈画的典籍，用以滋养自己的翰墨生涯。你别看我藏书多，能上北京琉璃厂、上海来青阁奇货可居的，可寥寥无几哟！"

主人说着便纵声大笑起来。我从他的书架上略一翻检，果如所言。不过这些书要是留在今天，恐怕也是很大一笔财富了。余绍宋所作书画，风韵潇洒，颇有书卷气息，由此可见也是与他的治学功夫分不开的。

与余先生平日闲聊之际，有关清末、民初的旧京名流学者，如李慈铭、易顺鼎、樊增祥、王闿运、梁启超、辜鸿铭等人的治学方法和轶闻遗事，也经常在他水烟筒的"咕噜"声中披露出来，使我增长了不少见识；另外关于旧日鬻画市场的某些不良风气，他也常常毫不客气地加以谐谑嘲讽。

敝屣"未老卖老"，对开个展者亦多微词

"前些日子上海的湖社、大新公司五楼、永安公司七层天等，大开海上名家的个展和合展。这也罢了，还别出心裁地在每幅画左角下粘一条红纸，什么某某董事长、某某总经理、某某市长、某某总司令定，甚至还有远在南京的某院、部长定的。这还不算，有的在开展之日，还请了某闻人、某红星、某'皇后'来亲临剪彩。唉，真是十里洋场，花样层出不穷！其实这种种怪现象，多半是拿佣金的书画掮客玩的把戏。"余绍宋每言及此，脸上便不无感慨之色，"也有人劝我如法炮制，取百十来幅到洋场去开个展。我回答说，我既在北平、南京、上海的荣宝斋、九华堂、朵云轩以及本城的浣花斋发了润例，这些店无异是我的代理人，那就'姜太公钓鱼，愿者上钩'吧！有人调笑说：'要是没有文王，鱼不上钩怎么办？'我回答说：'悉听尊便。没有文王，我就摆个面摊子在湖滨，也不至于摊可罗雀啊。'"

此言微有傲气，不过当日余氏卖画生意之兴盛，也确有使他骄傲的。不说在杭之日，登门求画者应接不暇，后来他为避日寇狼烟而退隐龙游乡间，也还有已成孤岛的上海荣宝斋和港、九等地的书画商，不时辗转汇款来购其书画，笔砚生涯兀自不衰。

这位越园先生对于同行中一些人喜欢自署什么"翁""叟"的，也颇有微词。有一次他问我道："人说古董古董，越是古越值钱，你说对吗？"

我一时未明其袖里阴阳，便随口答："是嘛，汉瓦柴窑，片值千金。"

谁知他却大摇其头，说道："杭谚：'千年的桥栏当不了古董卖！'我们常见书画上有些人喜自署'某翁''某叟'，是否其作品就能身价百倍、奇货可居了呢？我看未必！有的'翁'年未过'知命'，有的'叟'岁未至'耳顺'，如此卖老，实在令人好笑。还有些人，明明与佛门无缘，偏偏自称'居士'，有

些人明明身处闹市,偏偏自称'山人',同样令人啼笑皆非。我打心里佩服丰子恺:他常年素食,又是弘一法师的入室弟子,却不打出'居士'这块招牌;他长髯拂胸,也不以'翁''叟'自居。所以我佩服他!"

略停了一息,他忽然又道:"不过绍兴有位卖字的称'翁'(按:指李生翁),他写的是孩儿体,却署之以'翁',倒也别有情致,——那可就另当别论啰!哈哈哈!"

当日余绍宋那三楹小图书馆,对于我是大开绿灯的。无论大部头的《资治通鉴》《苏文忠公全集》《越缦堂日记》《饮冰室全集》《笔记大观》等等,他都慷慨借阅,任我一抱数十,扬长而去,不加数量和时间的限制;唯一的条件是要我阅后写出读书札记,拿来相互商榷。这自是他的谦虚,其实却是对后生的提掖和勖勉,令我学业有所长进。至今回思此事,深感前辈风范之令人仰止,非笔墨所能形容也。

余绍宋在杭之日,与高鱼占、高野侯、叶恭绰(叶在湖滨有别业,曰忘湖山庄)等人过从较密。我还记得寒柯堂有次聚会,应邀参加者有叶恭绰、高氏昆仲、我和另外一个年轻人韩登安。因为叶恭绰除鸡蛋以外常年素食,那天主妇以蛋为帅,做了四种不同款色的素菜。主人笑道:"今天各位是逛庙,禅堂斋戒,青菜豆腐。此为遐翁(即叶恭绰)而设也!"

饭后主客相邀合作一图。主人出寿山石一方,命韩登安即刻治印。

韩登安问道:"越丈,刻什么?"

余绍宋笑着说:"即兴成文,还用问吗?瞧你的啦!"

画者略为谦让后便从容执笔,倾见松竹梅兰杂错于怪石嶙峋间,或倚,或虬,或披,或挺,迎风摇曳,姿态各殊,尽得野生之趣。画罢,一一掷笔,余绍宋见韩登安犹伏于案,似以鼻舐石、以刀刺目之状(韩因近视,治印时去眼镜作吻态),便问道:"你怎么啦?可就等你的压轴好戏啰!"

韩登安立刻弃刀取镜,答道:"误不了场!"

余绍宋接过一看,连声称:"妙!妙!"

试盖一方,只见印文是"一时兴到"。主客六人都开怀大笑起来。

赞助《越风》,不遗余力

1935 年初冬,我通过《东南日报》社长的关系,向时任国民党中央宣传部部长的邵力子搞到了数百元经费,办起《越风》半月刊来。当时郁达夫先生替我约稿于周作人、许寿裳、茅盾、阿英、赵景琛、柳亚子等人,余绍宋则替我约稿于黄晦闻、朱希祖、叶恭绰、黄宾虹、金梁、徐凌霄、孟森、袁道冲、杨云史等人。《越风》每期的封面,都以名家书画来吸引读者,两年来有三分之二是余绍宋替我约稿的。他自己则除刊头"越风"两字为其所题外,总不肯占据封面。后来《越风》出增刊《西湖》时,我要求他画一张封面,要设色,准备到上海去套色影印。其时刊头题签已由叶恭绰书就寄至,他才答应了我。

一星期后,他交给了我一幅"明圣湖图",无论意境、构思、设色、题识,都别具一格;同时又为我设计了三页六版的插图。这一期的《西湖》,有不少稿子是余绍宋替我发函征约的,如他请高野侯作了一幅"霜禽欲下先偷眼"的《孤山探梅图》,约时寓姑苏的吴待秋寄来一幅《仿李檀园夜游西湖图》。其他应约的作者,计有武曾保、童大年、阮性山、易大庵和松村天籁等。对于吴待秋的那一幅,余绍宋十分称道。他说:"这十余幅画中,推吴待秋的《夜游西湖图》为最。虽说仿李檀园笔意,但却淡远隽永,于李之真本,有过而无不及。你该把我那幅《明圣湖图》与他那幅互易其位才是!"

但我却觉得这是他的谦虚,自然没有同意,推说是封面宜以设色绚丽为尚,吴作系水墨,置封内首页还是突出的。余绍宋见我一意坚持,也只得首肯了。

回首前尘,历历在目。虽然越园先生早已作古,而他的音容笑貌,和他当年待我的一片深情挚意,犹若电视屏幕之灼然可见,实令人欷歔感慨不已!

晚年生涯略述

余绍宋主编《金石书画》副刊之后,曾应聘替东方文化事业委员会为续修四库全书艺术类典籍撰写提要。其时他声名昭著,国民党浙江省府的官员如民政厅长阮毅成、教育厅长许绍棣等,经常登门拜访;特别是国民党浙江省府主席黄绍竑,上任伊始,也看中了余绍宋。他除了在省内外揄扬余绍宋的书法和绘画艺术高超外,还用大批润笔来购买其书画。但这并不能使余绍宋对黄有好感。黄绍竑于是又想出了另一个笼络余绍宋的主意:由他提议,聘请余绍宋担任浙江省史料征集委员会主任委员,主持《浙江通志》的修纂。这一招,果然打中了余绍宋历来对于方志学的浓郁兴趣。

他自是当仁不让，欣然接受委任，开始着手主持其事。

惜乎其时，日寇的侵略野心膨胀欲裂，卢沟烽烟已燃遍黄河两岸、长江南北。由于日军进逼，国民党浙江省政府先是退却至永康，后又退却至云和。1937 年秋，余绍宋携眷避居家乡龙游，正在草创中的浙江省通志馆遂亦迁至龙游南郊。

龙游虽为余绍宋梓里，但他青少年时在凤梧书院执教半年后即离去，此后数十年中，在家乡也从未有过这么长时间的逗留。这次回来，世交和族人都纷纷率子侄晚辈前来探望，还有四方慕名挟纸来求书画的，一时几乎应接不暇。对于父老乡亲，余绍宋总是有求必应，根本不计报酬。他感慨地说："我这点雕虫小技，尚能替亲友至交府上补壁，也是三生有幸啊！"淳朴质厚的乡亲自然也不好意思白受余绍宋的馈赠，经常带些自制的腌腿、熏肉、风鸡、酱鸭、鱼鲜、野味之类来酬谢他。

杭州陷落后，钱塘江仿佛变成了天堑；不久，衢州和龙游就变成了金华的大后方。我那时在金华设一书肆兼营文具，伙友们都跑"三不管"地区（即敌、伪、游击队之间的空隙地带）。我每半月回龙游岳家一趟，总也带些余绍宋喜爱的东西赠送他，特别是内地难获的蚝油，以表我对他的敬意。

半年后，龙游被炸，余绍宋南走离城 50 里外的沐尘巫家。宅在万山环抱之中，清泉绕屋，绿阴覆被，真有些像世外桃源。余绍宋尤其欣赏"沐尘"这一地名。就在这样的环境下，孤岛上海的荣宝斋和港、九等地的书画商还辗转托人来购其书画。还有一位从杭州逃出来的裱画师傅，居然依余绍宋之所居为居，干起他的临时装池行当来。在各大城市和内地交通梗塞、敌骑纵横之秋，余绍宋的笔砚生涯犹有如许潜力，这实在也是一件令人惊讶之事。记得在 1940 年左右，我曾在城里雇了一辆人力车，去余绍宋的山居住过一夜。那天我请他画一幅岁寒三友图，准备做日历的底板。晚饭后，余绍宋乘着一点酒兴，在煤气灯下，刷刷几笔，松、竹、梅便已挺然而立。视其笔墨，似较从前更为苍劲有力。

翌年冬，日寇渡钱江而南，先占萧山为据点，沿浙赣线进犯，取诸暨、陷义乌如入无人之境，继而两侧迂回，薄金华、兰溪，直抵衢州。余绍宋身为浙江省通志馆馆长，率人员携资料、书籍和档案，循遂昌、松阳、丽水地区，到达浙闽交界的云和、景宁边区。过去这类县，云和只有半面城，景宁及其毗邻的庆元、泰顺仅有木栅，据说夜间老虎可以大模大样地出入县署。余绍宋此行,当为其一生中颠沛流离最艰险困苦的一段历程。就在这样兵荒马乱、物质条件极为恶劣的日子里,在他率领下的修志人员犹未搁其楮砚,仍矻矻孜孜于文献资料整理工作。迄解放前夕,余绍宋所主持修纂的《浙江通志》,已勾稽至辛亥革命推翻清统治为止的一段而衔接旧志,告一小休。

这一时期,我为了经营谋生,循仙霞岭南走,经闽北而抵当时为国民党福建临时省会的永安。在逆旅中,也时常遇到一些爱好余绍宋书画的同乡和八闽之士,问起余氏行踪。永安地处森林茂密、峰峦叠嶂之中,烽烟不闻,交通闭塞,这时成了国民党福建省府的避秦胜地。从福州迁来的一大批官绅之徒,忍耐不了出门非山即溪的单调寂寞生涯,便寄情于书画,以风雅自娱,余绍宋因此也成了他们追逐的对象。当时我在永安的居处,简直成了一个荣宝斋的中转支店,辗转来托邮购余氏书画者络绎不断。这样,余绍宋的书画作品,尤其是书法艺术,就大批地流入了战时的国民党福建省会永安。

战后重访,寒柯堂已疮痍满目

1945 年秋,日寇无条件投降。长达 8 年的流离避难生涯,使余绍宋哀叹"半幅河山破";他骤闻抗战胜利,则"欢如疾中狂"。我听说余绍宋是在1945 年 9 月由云和至衢州省母,10 月返回杭州的。

我和余氏再次见面,是在 1947 年春天。其时我在上海自己办一个小出版社,兼编一双月刊,专程去杭组稿。与余在龙游沐尘一别近六年,重新握手于萱寿里之寒柯堂时,主人虽已须发皓然,豪兴犹不逊当年。听说敌伪时期寒柯堂也遭到洗劫,三楹书屋空无一物,厅内及画室的陈设,也显得零落不堪。彼此相见之下,自是感慨万端。

我那天带去一尺幅,上面已有叶恭绰所绘之乔松一株,想请余绍宋添箸笤数丛。我说明天来取,还得请"画到梅花不让人"的高野侯补上几枝,用作刊物的封面。余绍宋笑着说:"别忙!你现在是海客啰,等着要回去,无须待明天了,马上给你动笔。"

说罢他便坐到画桌边,摊开纸,取下笔架上的狼毫,就砚内余墨挥运起来。不到一刻钟,只见乔松之阴三五竿幽篁挺然倚立。略一审视,他回头对我说:"等明天野侯先生的梅花写就,再来钤印吧!"

停了一下他又说道："你回上海，不妨去嵩山路找湖帆题几个字。这样，既是封面画，裱后又可附丽案侧，一举两得。"

见墨色已干，我正欲卷而怀之。余绍宋忽又想起，对我说道："哦，等等，明天我有事，不能候驾钤印。"

于是他在左角写了"越园补竹"，用了印，——真个变成"立等可取"！我忙连声称谢，起身告辞。

谁知我和他这一别，竟是永诀！

1949 年 6 月 30 日，就在杭州解放不久，这位身负书画、史学、法学、著述和鉴赏五家盛誉的余绍宋先生，突然齿鼻出血不止，为所谓败血症吞噬，弃其笔砚和未完成的《浙江通志》而与世长辞了。余绍宋生于清光绪九年（1883 年）旧历十月初六，享年为 67 岁。

余绍宋遗留下来的著作，计有《龙游县志》42 卷、《画法要录》10 卷、《画法要录二编》12 卷、《书画书录解题》12 卷和《寒柯堂集》《中国画学源流之概观》《续修四库全书艺术类提要》以及未竟的《浙江通志》稿若干卷。余氏的这些著述对于后人，无疑是一笔极为可贵的精神财富。

（原载《朵云》1987 年第 12 期）

录自黄萍荪著，福建人民出版社 2000 年 8 月版《前辈风流》。黄萍荪（1908—1993 年），杭州人，别号歇翁。1932 年任《民国日报》（后改名《东南日报》）记者，曾主编《越风》《子曰》等文史类刊物，1989 年被聘为浙江省文史研究馆馆员。有《风雨茅庐外记》《前辈风流》等著作出版。

访余越园于沐尘山中

黄萍荪

誉饮六家，胸襟旷达

"八一三"春申江上的抗日烽烟，很快弥漫到西子湖畔。为避寇氛，我和越丈均渡江而南，目标——龙游。龙游，在他是梓里，在我为婿乡。出于工作的需要，我安家后又匆匆赶往金华。之后两星期返龙一次。其时这位饮六家——法家、方志家、书画理论家、画家、书家、鉴赏家之誉的余越园先生住在北门叶宅，我寓南郭，自南而北，穿十字街进入卵石罗列的永巷，每返总要去探望一次，问候先生起居眠食，这是出于对前辈的一种关切，似亦未能或缺。

居停叶氏，有厅屋三间，中设藤榻二、几一，供越丈会客餐饮。我环顾了一下，倘和湖上萱寿里小有庭院并花木之胜的寒柯堂对比，不无沧桑之感，但羁客心胸旷达，襟抱轩敞，似并不把为犬羊所据的归砚楼，以及近万卷藏书的散失耿耿于怀，戚戚于色。当我问到他杭州有无消息时，他说："据何竟清（时为浙赣路副局长，萱寿里邻居）来告，屋无恙，占者皆'三点水'（指汉奸）中头面人物，书则下落不明。身外之物，不足牵挂，哈哈哈……"

辞赏双溪，偏爱梅岭

他问到金华情况时，我说：

"金华现有'小杭州'之称：大街上的招牌有高义泰、颐香斋、楼外楼……街头巷尾的人流中，'我们、你们、他们'的乡音随处可闻，杭州人虽在流亡中,反客为主,似乎处处占有优势。蘅子(指《东南日报》社长胡健中)先生要我捎口信您老,希望有暇去作一次小游,俟有确期,派车来接,并扫径以待!届时将和先生同登八咏楼,欣赏'闻道双溪春尚好,也拟泛轻舟。只恐双溪蚱蜢舟,载不动许多愁'的景色,图一轴作念!"

越丈闻而微哂,且连连摆手,蹙额曰:

"兽蹄纵横,狼烟遍野,殊无此雅兴。虽然,我亦好游,但此时此地,我又何必舍近就远,例如北郊梅岭的乌石岩,南宋时为张浚、岳飞、刘光世等抗金名将练兵之地,闻鼓鼙而思将帅嘛!我和你到那里去凭吊一番,岂不比取李清照的《武陵春》现实得多。再说,把个原来质朴淳厚的金华,一下变成'小杭州',也和我格格不入,你应该重温一遍林升《题临安邸》的七绝。现在,我要把原诗尾联的第三、六两字改动一下:即易'杭'为'婺',去'汴'嵌'杭'(按原诗为:"山外青山楼外楼,西湖歌舞几时休,暖风熏得游人醉,直把杭州作汴州。"),这个教训,不能不吸取啊!要知贾似道之类的人,就是在这种气候中滋孕出来的啊!"

越丈是个外向的人,平日讥评时政,很少含蓄,那天引历史题材发其内涵,皮里阳秋,都从爱国主义出发,如昏夜鸡鸣,发人深省。

沐尘良晤,乡土情深

自县城被炸,越丈入山渐深,由上圩头通志馆徙往离城50里的沐尘。由于交通不便,中间有年余未得把晤。似在1939年秋末初冬之期,一是受友人之托,请他写轴大幅的"岁寒三友";二是久不闻长者謦欬矣,想念殊殷,亟盼长谈。然而当年从城区至溪口,水行有筏无舟,陆行四轮难滚,唯一的代步工具是黄包车;而拉哥们都热衷于火车站上下客,利其程短赏丰,不耐长途跋涉。幸拉哥中间有一位与我熟交的"矮子",人虽矮了一点,却生得虎背熊腰,具任重负远的精神,言明当天来回,银一元贰角,管酒饭饱餐,矮兄欣然有得色。于是,翌日昧爽发车,10时左右已达据说是为余先生特设的一家裱画店门首,这是溪口街的尽头了。安排好"神行太保"的肴馔,让他酒醉饭饱、养精蓄锐以利回程后,我徒步入山了。

山中的大师,闻我进门后,一个劲儿地喊——"余先生,余先生!"他很高兴的应声迎了出来。巫家院外的三间白木小轩,成为大师的画室、书斋兼会客、进餐的综合结构。我从包中取出为越丈寿的两种薄敬,老先生欢喜得像小孩瞧见糖果一样，拊我之背曰：

"此时此地，能得此，不啻凤毛麟角！"

是什么东西呢？四听三炮台、两瓶蚝油，这在沦陷区本常见之物，可是通过"阴阳界"到上海，从敌伪关卡重重的单帮客手里运到金华，再由我送进山窝里，就备受青睐了，因两者均越丈所嗜而断档已久之物，他见了自然心悦。收后便说：

"你运气不错！若在平日，只能跟我一起吃斋——青菜豆腐，要算山中尤物！今天瞧瞧！一大早有人送一尾二斤重的'老虎鱼'（龙游人对鳜鱼的别称），还有半斤多活虾，此时此地，和你送来的炮台、蚝油一样，均为难得的珍品。但愿杜甫《闻官军收河南河北》的好音早至，这些此时稀罕的东西，'便下襄阳向洛阳'的日子，就不再奇货可居了。"

这时我也附庸风雅起来，信口接了下去：

"是啊，到时候我们就'白日放歌须纵酒，青春作伴好还乡'了。"

不料兴奋过早，转年连龙游都保不住了。

说话之时，北京太太已端来上面铺着火腿片的清蒸鳜鱼，和油光锃亮的爆虾，红白相映，色彩鲜明，即忙谢过郇厨，不客气的大嚼起来。举箸间，打听打听二物在山谷中的市价，也有必要。越丈笑答："你这一问便俗，罟者口不言钱，目的要我画一幅中堂，写一对联，若按我在北平、上海荣宝斋、杭州浣华斋的润例计，则鱼可购十尾以上，虾三十斤左右，哈哈哈，此时此地，何况是对乡亲，阿堵，不再处决定性的地位了。"

我不会吃酒，然长者命，不敢辞，只沾了三五口，不胜了。主人嫌寡酒乏味，浅尝一盅后开始吃饭，正合我意。越丈说：

"如果不是抗战，你我怎能在此会面！就连我这道地的龙游人，过去也只止于溪口。溪口是南去遂（昌）松（阳）的孔道，沐尘是'隐士'，地名也取得好，合乎我们这些从大城市流亡而来，沾满了尘埃的人的身份，濯沐一下，'尘'垢尽去，不亦大好之事！沐尘，顾名思义既有儒家狷介之风，也符合释氏的出世之旨，你不妨为我转捎健中，邀他来此一游。因为金华的风气被你们杭州人带去的'黄瓜儿'逐渐污染了，沐尘，哈哈，大有必要。"

主人送我到山口的石阶上，一拱而别。

矮哥车过铁路，沿溪缓缓而行，时已暮色苍茫，炊烟四起。今日回想那水碓风车，以及归仁门上的森严城堞，颇有隔世之感。

故里重逢，两鬓添霜

日寇窜金、衢，越丈率通志馆诸公避居浙南云(和)、景(宁)间，我由赣入闽，相隔固在千里之外，音问不辍。奇的是福建临时省会永安的风雅之士，对余氏的书画似有特殊的感情与偏嗜。不知是怎样传开，已记不起来了，可能是见我室中挂的那幅"为越风社写明圣湖图"而被触染的。一时买余氏画，靡然成风，我的蜗庐中倒成了永安的"荣宝斋"了。朋友来往，茶余谈助，类以余氏轶事为中心。

1945 年秋，狂敌降服，我随《东南日报》去上海，越丈还寒柯堂，重振门庭，人事栗六，不暇重把，直至 1948 年仲春，才返里访晤陆续归来的诸亲好友，免不了要重至萱寿里拜谒越丈。自沐尘分手，光阴荏苒，不觉又过了六七寒暑。第一次去没见到，说开会去了。第二次又未碰面，隔了四天的第三次，总算幸会了。

瓜皮小帽红丝结，半新旧的毛料长袍，外罩一件玄缎背心，说话时来劲了，摘帽一折(现在的人可能不会见到这种帽子)，随手插入背心口袋中，自是习惯的动作。此时见他双鬓增添了几茎霜丝，人也较沐尘清癯得多。顽身、广颡、炯目、唇上那撮浓髭对他来说衬托得特别威俊。此髭虽为东洋款式，由于身长，就变成中国式的了。可惜那时经亨颐先生早已作古了，不然他俩站在一起，真是一时瑜、亮：同是留东，同是画家，同是高个，同是剧饮不醉，同是中国式的东髭……这个印象我只要一合眼，均栩栩如生地展于眉睫间，若荧屏之键钮"连续剧"似的回忆，不断现映。

夫子自道，不讳骂座

1948 年春，国民党政权已至天怒人怨，众叛亲离，像一个烂熟了的苹果，只须轻轻一摇，便到了纷纷坠落的境地。越丈说因参议会开会，使他天天泡在会场不得开交，以至累你连来三次；又问我时局前途？我轻轻叹了一口气说："无可奈何花落去！"我说：

"开会是苦事，可逃则逃，可避则避，不必认真对之，此时此日，还以颐养为上。"

越丈似已微解鄙意说：

"我的脾气，你是知道的：好骂座而易得罪人，现在有许多事，如鲠在喉,非骂不快,背后骂,不过瘾;当面骂要吵架;借议会的合法论坛,或影而射之,或刺而讥之,淋漓尽致后已。只是骂人有骂的艺术,尤须掌握一定的分寸,在这方面,我还掌握不够。你说呢?"

越丈以笑谈的口吻,作夫子自道之言,作为晚辈,只能唯唯。论交我们在师友之间,然则言师,我一家也没学到;言友,也只是勉强;但自辅助他编《金石书画》的数年间(《东南日报》出《金石书画》副刊),请余氏主编,是派我去联系的,其中有关摄影、制版、排版、校对等杂要,也就套到我头上了。越丈主编《金石书画》的态度是:高标准,严要求。编制上取法《故宫周刊》,每一版面铜锌版的尺寸,均须依其所指定的;而《东南日报》总务科的张君为了给报馆省钱,每欲减缩,往往清样已见,他老坚不同意,像这样轧扁头的事是经常有的。越丈以鬻书为生,但在为改动几个字,甚或几个标点,一天中连下三封信也是屡见不鲜的。这时,他的字似乎又不看重了。数年来,积书近百通,(信纸多为米色木板套印,行草一笔不苟。)遗憾的是在流离中散失无遗。于此,也就可见他从事兹刊的认真负责。

乐育后生,教诲谆谆

1935 年冬,我编《越风》月刊,从题签到封面画稿,均经他出函向各名家征集备用。他那三间耳厢中的藏书,供我检阅借出。《越风》是文史性的刊物,编者读书有限,不学无术。遇有疑难,唯一之策是奔萱寿里,耳提面命,谆谆以教,如严师,如父执,和听课仿佛;故谓谊兼师友,只是少了执贽受拜这一礼数。特别是 1948 年最后——也是永别的一次,我在上海编《子曰》丛刊附册的《艺舟》创刊号中,需要影印当代第一流画家合作的一帧封面,以资号召,遂由马一孚、张大千二先生分别题《子曰》《艺舟》,越丈写松,野侯(高欣木时显)补梅,退庵(叶誉虎恭绰)画竹——岁寒三友。包括两位题签的,允称五绝,均系越丈玉成。

哲人其萎,对受益的小子来说,每一回忆,辄不胜黄垆之痛! 最后,不能不用"呜呼"二字,以表我哀思。

现在我建议:

一、精编《余越园先生书画集》。

二、撰写《余绍宋传记》。

三、整理出版《余绍宋评论书画文集》。

四、出版《浙江通志》有关余撰的各类文稿。

五、建议杭州萱寿里的"寒柯堂"辟作"余绍宋故居"。

六、征集余先生致各方友人书札(如与陈仲恕叔通昆仲、与马叙伦、林宰平、梁启超、马叔平……),也可以向台北方面见存的友生发出信息。

以上建议,请与会诸公讨论进行步骤。

太史公曰:"一死一生,乃知交情;一贫一富,乃知交态;一贵一贱,交情乃见"(见《史记·汲郑列传》),希望办出几件实事,以见"交情"在"一死一生"中所起的作用,其庶几矣。

录自黄萍荪著,福建人民出版社2000年8月版《前辈风流》。

忆 伯 父

余 猷

　　每当有人提到先伯父余绍宋先生时，我脑子中立刻重现先伯父轩昂的体态，严肃的面容，爽朗的笑声，这些，使我永志于怀。

　　先伯父曾多次自北京来衢省亲，我那时因年幼，印象模糊。一九二一年我正十二岁，从那时起，先伯父的言谈笑貌，每一回忆，历历在目。一九二四年我和弟弟余翼（家名意陶，先伯父的长子）到天津南开中学去读书以前，我能回忆到的有下列几件事：

一是先伯父为我们兄弟选择良师

　　一九二〇年春天，我正十一岁，先父收到先伯父自北京来信说，明年阴历十月初一日是先祖母的六十寿诞，要举行盛大的祝寿。现在所住的皂树巷的房屋太简陋狭窄，希望能在短时间内购得一所较宽敞的房屋，而且最好是有一个大厅。不久，先父经别人的介绍，购得化龙巷一所大住宅，八字大门楣上有一块青石板，上刻"通奉第"三个大字。先父请工稍事修葺，在一个桂花盛开的阴历九月初就从皂树巷恋恋不舍地迁进这所新宅，别提有多么喜悦。半个月后，弟弟余翼从北京和曹家母舅一道回衢，他们看到这所新宅，也很高兴。同时，曹家母舅带了一封先伯父写给先父的信，说我兄弟俩都十多岁了，应该去拜一位良师，多读一些书。最好是到王耀周先生那里，不知道他肯允诺吗？

　　提起王耀周太先生并不生疏，他是我开笔的先生。我六岁那年，先父请王耀周太先生来我家，为我开笔。

开笔礼节很隆重,要燃点大红烛,跪拜先师孔子,又向王太先生叩头。他从马褂袋里摸出一张长方形红纸,上面写着:"幼而学,壮而行,扬名声,显父母"十二个正楷字。他叫我跟他读几遍,并讲解给我听。礼毕,先父摆酒席请他吃。这桩事已相隔多年,王太先生的面貌我已经记不清楚了。

先父看完信,立刻到王耀周太先生家,把先伯父请求他教我们兄弟俩的事提出来,征求他老人家的意见。王耀周太先生听了便一口答允。次日,先父叫我和弟弟带着最近读的书,领我们一同到王太先生家。

先父叫我和弟弟向一位留着八字胡的老先生跪下叩头,随即告诉我说:"他是你们的先生,也是你伯父和我的先生,你要称呼他太先生,以后你们要尊敬他,要听他的教训。"

王太先生走到孔子牌位前,燃点了红烛,叫我和弟弟向孔子牌位叩三个头,这就算收我们做他的学生了。

我和弟弟都坐在长方桌子旁边,我把带去的《春秋左氏传》《诗经》等书打开;弟弟也把《孟子》《论语》打开,两人就朗诵起来。王太先生听了一忽儿,走过来对我们摇摇头,说我们读书的调头不对。他用有节拍、抑扬顿挫的声调朗诵给我们听,又叫我们跟随他的声调读几遍。以后,我和弟弟就学他的声调朗诵。

二是我家堂名"春晖堂"的由来

一九二一年初夏,先伯父从北京寄来一块大匾额,上面有"春晖堂"三个大字,是胡祥麟(子贤)伯伯写的。先父立刻请人把它悬挂在厅堂正面的上方。当时我看到"春晖"两个字,就想着这是唐代诗人孟郊《游子吟》诗中的末句最后两个字,但是,先伯父为什么要用这两个字取我家的堂名,就不理解了。

这年阴历九月下旬,先伯父从北京来衢,他当时担任司法部次长,因此,先祖母的六十寿诞的庆祝排场较大。他一到家就向先祖母跪下叩头,随即去大厅,我和弟弟跟随着。先伯父走进大厅,昂首向堂上的匾额望了又望,问我和弟弟"春晖"两字的出处和意义。弟弟没有读过孟郊这首诗,答不出。我说,我知道。先伯父问我它出在什么书上?我说,是唐时孟郊的《游子吟》诗末一句最后两个字。先伯父对我看看说:"嗯,讲给我听。"我说,这首诗我背得出,讲不来。先伯父就把这首诗讲给我们听。他说:"你们的祖父很早就去世,我们弟妹五人(有一叔父四岁时夭折),都是你祖母在困苦的情况下把我们带大的。现在我在北京。"又对我说,"你父亲在兰溪,你们两个姑母又去世了。我们都在外面,不能侍奉她老人家。我们兄弟俩经过商谈,决定用'春晖'两字作我们家的堂名,表示不忘母亲的恩情。"指着我和弟弟说:"你们也要牢记,父母的恩情是报答不尽的呵!"我和弟弟听了很受感动,点头说:是。

三是先伯父名字的由来及他为我和弟弟命名的含义

先伯父在一九二一年阴历九月下旬的一个傍晚回到衢州家里,次日早晨,他叫我和弟弟陪同他徒步到王耀周太先生家(当时县里备有一辆黄包车,放在先伯父家里专给他乘用。但因到先生家,不敢乘坐)。他一进门就向王耀周太先生跪下叩头,又请出太师母,也向她跪下叩头。我和弟弟看到先伯父这样尊敬师长,我们对王耀周太先生越加恭敬了。

这天,王太先生放假一天,让我和弟弟回家玩,我就和弟弟又陪着先伯父回家了。

先伯父刚跨进门,听他"哎"的一声,我和弟弟只是对他看着不敢问。先伯父边走边说:"刚才在王太先生家忘记和他商谈为你们改名字的事情。"我和弟弟惊问说:"怎么,我们要改名字?"先伯父说:"你们的名字都是我取的。"指着我说:"你的学名叫汝猷,家里的名字叫厥谋;你弟弟的学名叫汝翼,家里的名字叫意陶,你们知道自己名字的含义吗?"我们说:不知道。先伯父说:"我给你们取名字时,是期望你们兄弟俩长大起来能自己独立生活,自己的事情自己计划,自己爱护自己,工作勤劳,生活克俭。"边说边看着弟弟,"至于意陶这个名字,是因为我那天和朋友们到陶然亭游玩,回家后,接到衢州来信,告诉我你生下来了,叫我取个名字。晚上,我脑子里还呈现着陶然美景,陶渊明的诗句,同时,也希望你学陶侃运甓的勤劳精神。"我当时插嘴说,听别人说,"汝"字是我们这一辈的排行,怎么能去掉呢?先伯父对我说:"'汝'字不是你们这一辈的排行,好像我和你父亲名字中的'绍'字一样,都不是排行。听说本家人像你们这一辈人当中,有人也用'汝'字取名,我认为这样不很好,决定把你们名字中的'汝'字去掉,改为单名,名字的含义不变。"我们想知道我们这一辈排行是什么字。先伯父看出我们的心事,他喝了一口茶,告诉我们说:"谈到我们家每一辈的排行用什么字,那是太多了,我现在只谈最近八代人排行的情况。"正说着, 先祖母从房里走出来, 对先伯父说:"我们家里的事情是要和他们谈谈。"先伯父点点头说:"我们家最近八代所用的字,是:'聪''明''睿''智''美''正''祥''慈'。龙游高阶余的祠堂是'聪'字排行太公(聪三公)修建的;衢州乐寿堂是'智'字辈排行的太公(智十三公)修建的,现在由我和你父亲(指着我说)共同管理使用。我们家的祖辈很少用排行取名。比如:你们的祖父辈的排行是'正'字,但是你的祖父的名字,上面是'庆'字,下面是'椿'字(因封建时代的礼节,规定小辈不能直呼长者的名字);你们的四祖父、十祖父都用'庆'字取名,都不用他们的排行'正'字。又如我们(先伯父自称)这一辈,排行是'祥'字,除龙游远房和我们同辈的人有用'祥'字取名的,如开照相馆的'祥镛'等。而我们衢州的本家和我们同一辈的,取名都用'绍'字。"又对我们看了一眼,说,"你们这一辈的排行是'慈'字,我给你们取名字就不把'慈'字放进去。"我大着胆问先伯父,我和弟弟、妹妹等的名字是你取的,您和父亲他们的名字又是谁给取的呢?先伯父笑着说:"问得好,这就要请你们的祖母谈给你们听了。"

先祖母看着我说:"你的高祖父(太太公)听到你伯父生下来,他很高兴,因为你伯父是他的第一个曾孙。他就立刻用一张红纸写上你伯父的学名'绍宋',家里的名字'樾园'几个正楷字。"

"过了几天,我把你伯父抱到他老人家面前,告诉你伯父说,这是你的曾祖父(太公)。你高祖父对你伯父仔细地看了又看,笑着说'这个名字我没有取错'。"我和弟弟听不懂先祖母的话,都呆在那里。

祖母笑着说:"你们听不懂吧,当时我也听不懂,后来听到他老人家解释,才明白他为什么要取这个名字。你高祖父又说:'我家原来是河南省开封县人,迁居到浙江省来的是第一代祖先余端礼,他是宋高宗、孝宗、宁宗等朝的右丞相(编者按:余端礼并非迁浙江来的第一代祖先,其任右丞相是宁宗时事)。今天我给这小孩(指先伯父)取这个名字,是希望他能继承宋代祖先的名声和地位,所以叫绍宋。又因你(指先祖母)在广东时已怀孕,到衢州两个月就生下他,家里的名字就叫樾园(也就是说粤源),意思是说从广东来的'。"先祖母停了一停,又接下去对我说,"你父亲的名字中也有'绍'字,叫绍勤,其他各房的叔叔,有取名绍秀、绍武、绍忠等。当时我也听到说,'绍'字不是你伯父这一辈的排行。"

先伯父放下水烟袋说："你们听懂了吗？"我和弟弟站起来说，听懂了。

在先祖母六十寿诞的前夕，王耀周太先生来我家向先祖母祝寿。先伯父一听到王太先生来我家，赶快穿起马褂，走到大门口向王太先生作揖，跟随他走到堂前。先伯父和王太先生谈话时提到要把我和弟弟名字当中的"汝"字删去，改为单名。王太先生点头说："可以，可以，取消'汝'字，名字的含义不变，以后就用单名吧！"

四是一张值得纪念的照片

先伯父在日本留学的情况，我和弟弟都很想知道一些。当时我想了一想，问先伯父说：您是否和十祖父（余庆龙）在日本留学时同在一个学校读书？先伯父用奇异的眼光看着我说："你怎么知道十祖父也到过日本留学？"我说："是祖母告诉我的。"先伯父说："是的，你十祖父在日本是学习税务，不和我同一个学校。当时，我是和傅修龄一同考进日本铁路大学，一学期后，我转学到东京法政大学。"我和弟弟一齐问先伯父说："为什么您要读法政大学？"先伯父吸了一口烟说："我读法政大学，是因为交学费有困难。我是打算翻译一些日本的法律书籍，译成中文后，把稿件寄回国内的书店出售，或在日本书局付印，赚点稿费缴纳学费。嗯，那时我国正需要从国外介绍一些法律书籍，所以，我所翻译的许多译稿很快就在国内外出售了。"他随即领我和弟弟到一个书架边，从书架上抽出几本他翻译的日本法律书籍给我们看。这些书都是精装本，我和弟弟抢着翻开看。我翻开一本厚厚的精装书，刚翻了几页，突然发现一张放大八寸的合照留影夹在书中。照片上边印有一行字，我没有仔细看，只看到第一排中间坐着孙中山先生，孙先生右面第三、四位是先伯父和马夷初伯伯；左面最后一个人是十祖父。先伯父拿着照片看了一下说："这张合影是一九〇六年纪念同盟会成立周年在日本东京合照的，你们在照片上认识几个人？"弟弟看了一下说："我只认识您一个。"我说，除了您以外，我还认识十祖父、马夷初伯伯。先伯父又指着照片说："这是汤化龙先生、这是黄郛先生、这是傅修龄先生、詹石甫先生等。"我对他所点着的傅修龄先生看一下，发现他的身边还挂着一把手枪。我问先伯父说，大家都不挂手枪，为什么他一个人挂手枪？先伯父说："当时，他是孙中山先生的保卫者。"我和弟弟听了先伯父这番话，才知道他在日本留学时艰苦学习的情况，我们又一次受到很大的教育。

还有一事值得一提。革命烈士李子珍生前曾于1948年在故乡龙游集合同志创立龙丘学会并办理暑期补习学校。子珍同志等在开展革命活动中，很注意斗争策略，善于利用地方政治势力的矛盾。他编写《龙丘通讯》在文字工作中能注意显晦有节。曾请先伯父为"通讯"题写刊眉。先伯父以莘莘学子为家乡建设寄予一片纯真的赤子之心，出于奖掖爱护之意，便欣然命笔为《龙丘通讯》题写了封面，为该刊的编印发行起了一定的"掩护"作用。

录自团结出版社1989年版《余绍宋》。余猷（1910—1996年），衢州市柯城区人，余绍宋胞弟余绍勤长子。1934年毕业于中国大学中文系，先后任教于杭州树范中学、衢州师范、衢州一中等，1972年于衢州三中退休。

怀念伯父余绍宋

余 猷

我的先伯父余绍宋,好学不倦,刚正不阿,不畏强暴,坚持正义,具有爱国、爱民的美德。兹将他的几桩逸事略述如下:

一、训斥日本兵

一九二五年夏天,我和弟弟(先伯父的大儿子)从天津南开中学回到北京家里度暑假。

有一天,我和弟弟在写大字,先伯父正好路过,看了我们写的大字,他摇摇头说:"你们写的大字没有笔力,用笔没有掌握中锋。今天下午我要到故宫博物院去开会(当时先伯父是故宫博物院保管委员会委员),我带你们去看看我国古代有名的书法家真迹,学学他们用笔的方法,字的间架、结构和字的气势。"我和弟弟听了都非常高兴。

下午,先伯父带我们乘坐汽车到故宫博物院。汽车刚在院门口停下来,我和弟弟跟随先伯父走下汽车。在人群中看见六个穿黄色军衣的日本兵在故宫博物院的大门口和守卫故宫的门警、工作人员在争吵,门警向先伯父敬礼。这时,日本兵还是蛮横地想闯进去。先伯父询问门警为什么要和日本兵争吵?门警报告说:"这些日本兵不遵守我院不许把照相机带进去的规定,我们叫他们把照相机交给保管人员寄存,他们不但不肯交出,反而张口骂人,还想往里面闯。我们和他们讲道理,他们根本不听,还要和我们争吵。"

先伯父听了以后，向这几个日本兵那里走去，用纯熟的日语训斥他们。这几个日本兵听了以后，立即向先伯父立正，并把照相机递交给故宫博物院的保管人员。

走进大门后，我和弟弟边走边问先伯父说："日本兵在中国横行霸道，根本不把我们中国人放在眼里。您说了几句日本话，他们为什么就这样听话，把照相机交出来，您究竟讲了些什么话？"先伯父说："我说，'你们是日本兵，日本兵是守法和有礼貌的，你们今天的行动，是给日本人和日本国家丢脸。'他们听了以后，觉得惭愧，不得不遵守院规了。"

上面的例子，表现先伯父维护祖国尊严，蔑视日本兵的横暴，终于使那些不可一世的日本兵低头认错，遵守中国的法律。

二、反对段祺瑞政府媚外和抗议他镇压爱国青年学生

段祺瑞的罪行是：

第一，是一九二六年前后，段祺瑞反动政府，为了讨好法国政府，答应把偿还法国的庚子赔款依照法国的无理要求执行。

原先是海关平银一两折合三点七五佛郎，按汇兑价格支付。第一次欧洲大战后，法国的佛郎币值价格大跌。法国竟然要挟我国，以后偿还法国的赔款要按美金支付。段祺瑞政府居然屈从法国的无理要求，使我国政府损失国库一亿三千万元，而段祺瑞政府的人员却从中捞取不少好处。

第二，是一九二六年三月十八日，北京的爱国青年学生抗议日本侵略军向我天津的大沽口开炮。立即召集各校的同学上街游行示威，并齐集在段政府门前请愿，要求段政府向日本侵略者交涉，停止炮轰。段祺瑞不但不接受爱国青年学生的请求，反而下令他的卫队开枪射击学生，使无辜的爱国青年学生惨遭杀戮，死伤达二百余人，造成举世震惊的北京"三一八"惨案。

我先伯父对段祺瑞反动政府对外献媚求荣，对内残酷镇压爱国青年学生，表示万分愤恨。当反对金佛郎案的原告翁敬棠不满意总检察长复呈向部呈请救济，段祺瑞听到翁敬棠有不满的意见，立刻逼迫司法部要严厉驳斥翁敬棠，从而妄想把这件使国家受耻辱、受损失的案子，无形中取消。这时司法部卢总长不答应这样做，愤而辞职，这件事就移交给我先伯父处理。我先伯父和卢总长一样，不听从段政府的命令，并宣言宁愿生命牺牲，也不做这卖国的事。

等到"三一八"惨案发生，段政府胡说爱国青年学生受共产党的煽动。当时北京京师地方检察厅经过实地侦查，断言段政府不应该开枪杀死爱国青年学生，公函陆军部依法办理。段政府听到了以后，凶狠地表示不同意。

司法部卢总长已辞职，司法部里的主要事务由先伯父负责处理。当时，北京各学校的负责人同时向北京京师检察厅提起公诉，控告段政府（段祺瑞）的国务院总理及其各国务员。京师检察厅当然要接受处理，依法经过侦查，并传讯段执政（段祺瑞）和国务院总理。段政府知道此事，越发怀恨。

段政府看到司法部卢总长辞职，不在部里，就想出一个鬼主意，打算下令由司法部密令京师检察厅对此事作为不接受起诉处分，想把这件事情暗中隐瞒掉。我先伯父知道此事以后，声明绝对不允许这样办。

一九二六年三月九日，鹿钟麟率领部队占据清帝国的皇宫。等到这两件案子发生以后，鹿钟麟宣布这件案子都应由段祺瑞负责。段受到压力，即辞去执政的职务。"三一八"惨案发生以后，鹿钟麟的部队退出北京城，段祺瑞狡猾地趁机立刻宣布复职。

复职后，他的头一道命令就是免去司法部卢总长及我先伯父的司法次长的职务。

以上所述，表明了我先伯父余绍宋是具有爱国、爱民，维护法律尊严，不畏强御的精神。

现在附抄我先伯父叙述金佛郎案的经过，亲笔写给祝康祺的信：

> ……前者佸任次长，丈以为大喜，而辱贺书，深为媿悢。不图今日真有喜出望外之事，而丈应贺我者，特为丈言之。段派之不理于众口也久矣！其最失德之事，莫过办理"金佛郎案"及国务院门前惨杀学生案两事。
>
> 兹两事者：一则损失国库一万三千万元之巨，其中黑幕牵涉尤多；一则杀伤学生至二百数十人之多，皆为社会上最愤慨之事，而均有关于司法办理，偶一失当或稍偏颇，不特个人名誉扫地，而使司法

牵入政治漩涡,必大损司法之尊严与其威信,所关非细也。佺莅位后,"金佛郎案"原先告发人翁敬棠,不满于总检察长,复呈向部呈请救济。段派闻之,逼令司法部严予驳斥,俾了其事。总长卢君不之应,遂致辞职,不到部视事,部事遂悉由佺主之。逼迫益甚,佺坚持不许,且告以虽殉身不顾也。洎自三月十八日惨杀案起,政府下令诬学生为共产派。事经京师地方检察厅侦查,乃断言其不应开枪残杀,公函陆军部依法办理。公函所称悉主公道,政府大不谓然。各学校同时提起公诉,控告执政、国务总理及各国务员。检厅当然受理,依法侦查,并传执政及总理。于是,政府益恨。时卢君已不到部矣,政府意欲由部密令检厅为不起诉处分,冀以了结,佺自不能允从。本月九日鹿钟麟逼宫后,通电即以此两案为段罪。洎自十八日鹿退出京师,翌晨段竟复职。于是,迫卢君及余了此两案益亟。是日中午开国务会议,卢已辞不往,促佺往。佺以此次复职实太滑稽,亦不往。下午催益急,佺正草辞职书未竟而电话至,谓已不复经阁议,径下免职令矣。总、次长同时免职,且不经阁议而径行,实开国以来所未有。又复职后,他务不遑,开头即罢免司法总、次长,益足引起世人之注意,益足见为了结此两大案而来。而卢君与佺维持司法,不畏强御之精神乃大白于天下。两日来都下哗然,大肆攻击。佺何幸得此点名,且可证非段派人物,宁非大可喜之事耶?即近五年来,迭承吾丈奖许,辄愧声闻过情。独兹事与从前反对程克破坏司法两事,似尚不失为正人,死后可为传志资料,聊自欣慰,亦足以副长者之期望。故不惮缕晰陈之也!

三、蔑视国民党的反动军官

在抗日战争期间,有一次我先伯父有事外出,乘坐一辆从友人那里借用的旧汽车。破车坏路,车行的速度很慢。半途中,后面来了一辆在当时算是新式的小轿车,车行的速度较快。这辆新式汽车的司机不断地响起喇叭,催促破旧汽车的司机把车开快一些,以免阻碍他的汽车前进。我先伯父所乘坐的汽车上司机事实上也无法使车行的速度加快。不料后面的汽车突然停下来,走出几个面貌凶恶的副官,赶上破旧汽车,大喝把车停下来,并打开旧汽车的门,二话不说,将车上的司机拖出车外毒打。他们边打边大声斥骂说:"后面汽车上坐的是×××长官(顾祝同),你敢拦阻去路,贻误军机,该当何罪!"我先伯父看到这种情况,非常气愤。也立即下车,走向后面的汽车边,去见那位长官。那位长官虽然不认识我先伯父,但看见我先伯父气态轩昂,穿了蓝袍马褂,也暗中猜想不是寻常的乘客。他也开门下车,一面喝止打人的副官,一面请教我先伯父的姓名。我先伯父力斥他不应该放纵部属殴打民车的司机。某长官看到这种情况,只得向我先伯父乘坐的汽车司机道歉。路旁观看的群众,个个称快。

通过这个事实,表示了我先伯父对欺压老百姓的国民党军官是嫉恶如仇,严加训斥的。

四、避寇

一九三七年七月,日本侵略军入侵我国神圣领土卢沟桥,继之又侵占上海,杭州一带受到敌人威胁。先伯父避开敌人,率眷自杭州迁居故乡龙游城内。

那时,我也携眷从北京回到衢州家里。我听到先伯父迁居在龙游,第二天我到龙游去看他。他一看到我走进他的画室,就笑容满面,开口第一句就说:"你能从敌占区北京回到衢州,不当日本鬼子的顺民,很好,我很开心。"他接着又说,"看局势日本鬼子有入侵我省内地的意图,第一步我将从城里迁居到南乡沐尘。随后看局势的演变,再深入到遂昌县、龙泉县一带避居。"

一九四二年夏,日本侵略军突然发动进攻,侵占我金华、兰溪等县,龙游县和衢州一带受到敌机滥肆轰炸,企图侵占。

这时,我先伯父正避居沐尘。我到他家里去看他,他对我说:"时局吃紧,国民党的军队腐败,丝毫没有战斗力,只晓得逃命。我看沐尘不能安居,我决定在这几天内先转移到遂昌县住溪。以后到什么地方,我会派人来告诉你的。"停了一下,他又郑重地说,"我不能和你的祖母及你们一道走,祖母和你的弟弟等由你负责护送进入深山……"我答应祖母和弟弟等由我负责迁居到深山避难。他点点头说:"很好,要机警、小心。"当时我脱口说出:"我能往,寇亦能往,请伯父注意安全。"他说:"不错,局势瞬息万变,我早就打好主意会逐步转移的。你把我今后的行动转告你祖母,请她放心。"

炎黄的子孙绝对不做敌人的顺民,不做亡国奴。先伯父避敌隐居,显示了中华民族的高贵品质和不可侮的气节。

五、有恒

首先要提到的是先伯父每做一件事,必定是持之以恒。他从青年时期就开始每天写日记,一直写到晚年。他每晚睡觉前,辄濡笔书写日记。字迹清楚,所记述的范围涉及很广。他翔实地记载他平时的读书心得,诗文创作,亲友信件往来,以及日常生活琐事等。重点记述,从无遗漏。

其次,是编纂《龙游县志》。《龙游县志》先伯父自一九二一年开始撰写,他任总纂,祝康祺为副纂。先伯父亲自从事编撰、查询、审核、掇拾等。他又参读北京图书馆收藏的所有有关浙江地方志的书籍。同时,又参考了大量有关龙游地方方志的书籍,仅氏族考就调集数百家的谱牒,进行研究分析,慎重地、认真地予以取舍。

撰写《龙游县志》的时间,前后共四年,为查询、审核等,先伯父曾与祝康祺老先生通信达二三百封。

这一部数十万字的著述经过多次的重写与修改。这表现了他不避艰难,持之以恒,事乃竟成。

一九二五年《龙游县志》由北京京城印书局排印出版。他撰写时详尽地与各家的地方志书对比,效法他们的优点,摈弃了不符合科学、不符合史实的记载。梁启超先生读了先伯父撰写的《龙游县志》,提笔作序说:"越园之治学,实事求是,无征不信,纯采科学家最严正之态度,剖析力极敏,组织力极强,故能驾驭其所得之正确资料。若金在炉,惟所铸焉。"梁任公先生的赞语,并不过誉。

先伯父平时屡次告诫我弟弟说:"一个人做事没有恒心,再容易的事也做不成功。"事情确是如此。例如先伯父三十三岁才开始学画,拜当时名画家汤定之为师。先伯父擅长画山水、松、竹、梅等水墨画,其中画竹尤为有名。

他每天工作之余,就不停地挥毫写字、画画。他说:"画竹就是写竹,要字写得好,就要写魏碑、大小篆书、草书,还要经常写铁线篆。"他写字、画画和写日记一样,从未间断过。他虽然年逾半百,却每天一清早就在书斋里读书,终日手不释卷。有一次,他告诫我和弟弟说:"人的脑子好像是一把铁刀,不用就要上锈。刀要经常使用,而且是越磨越锋利。人的脑子也同样,越用越灵敏。"这几句话我是永远不会忘记的。

录自龙游县文联(筹)、龙游县文化局编《余绍宋研究通讯》1985年第1期。

余绍宋和梁鼎芬一家

余　猷

　　我的先伯父余绍宋,称呼梁鼎芬为表伯。他从日本留学归国后,寓居北京西砖胡同时,经常去拜访梁鼎芬,因为梁家藏有许多珍品的书、画、古玩等。先伯父去梁家时,向梁鼎芬请教或交换对文史、书画的见解与技艺,因此,在多方面得到启发和教益。同时,先伯父也观赏一些稀世珍宝。这时,先伯父拟订撰写《龙游县志》,他的方志学观点,受到梁鼎芬的影响,也体现在编写《浙江通志》当中。后来,先伯父的鉴别古画、历史文物或多或少受到梁鼎芬的启迪。

　　梁鼎芬逝世后,先伯父前去梁格庄送殡,归来后,精心绘制《梁格庄会葬图》。

　　当时的清朝遗老和当代名人均有题跋,这张图藏于浙江省博物馆。先伯父将梁的遗作,集编成册,以示哀悼与怀念。嗣后,梁家中落,生计困难。先伯父在经济等方面对梁家予以扶持与接济。即使在迁居杭州,以鬻卖字画度日时,仍然汇款给梁家表叔,不曾中断。

　　现在我把我怎样知道我家和梁家的亲戚关系和我所看到梁家逐渐衰微的情况,以及先伯父与梁鼎芬过从较密的经过,概述如下,这些只不过全部事实的什一而已。

　　我知道梁家和我家有亲戚关系,当推到我六岁那年。我六岁(一九一五年)初夏,祖母从北京我的先伯父那里返回衢县。我从小是由祖母抚养的,祖母到北京去一年多了。她进门刚坐下,我就扑在她怀里,问这,问那。祖母就把她在北京所见所闻谈给我听。一连谈了好几天,我总是坐在她面前,静静地听着。

中元节(阴历七月十五日)前三天,大厅上挂起六幅祖先遗像。大幅的有"九代容"画像,小幅的是单人画像。我对这些画像来回地看着,就是不知道这些是哪一代的祖先。祖母就指着一幅没有胡须的祖先画像说:"这是你的祖父,他死得很早,没有看到你。"她又指着另外两幅像说:"这是你的曾祖父,这是你的曾祖母,她姓梁,广东人。她的内侄是梁星海,我在北京时看到过,你要称他表爷爷。"我问祖母说:"他会读书吗?"祖母听了笑着说:"你只读了一册人、手、足、刀、尺、山、水、田、狗、牛、羊……的国文教科书,算是读书人了?你表爷爷读了很多的书,还做了宣统皇帝的先生呢。"我奇怪地问祖母说:"皇帝还要读书吗?"祖母说:"皇帝也要读书。"她又看着曾祖母画像说:"你表爷爷的官名叫梁鼎芬,家里的名字是星海。你的曾祖母是他的姑母,他的母亲是你曾祖父的姐姐,我们两家是亲上加亲。你表爷爷娶了两次表祖母都去世了,没有留下孩子。你曾祖母就把两个养女都嫁给她的内侄梁星海。大的养女生了一个表叔,大家称呼她三太;小的养女生一个表姑母,和你同岁的,家里人称呼她母亲叫四太。"

祖母说了一些人,我都没见过。当时我怀疑地问祖母,表姑母为什么跟我同岁呢?祖母就从她的枕头小皮箱里(广东人的枕头,是一只小箱,有小抽屉)拿出一张梁家表爷爷一家人的合照,我看到表姑母是一个小女孩,其余的人看了一下,随后就忘了。

一九二四年春天,先伯父派人把我和弟弟带到北京,叫我们休息几天,再到天津南开中学去读初中一年级旁听生。我是第一次离开家乡到几千里外的北京,什么事情都觉得生疏,北京话也不大听得懂,真和乡下人刚进城一样。

过了三天,是星期天,先伯父家里来了好几批客人,他们都走进先伯父的书斋里。不久,来了两位老奶奶,她俩一面喊着我先伯父的乳名,径向上房走去。先伯母听到她们的喊叫声,立即从上房出来迎接她们,先伯父也从书斋里出来走进上房。我和弟弟听到先伯父的喊声,走进上房看见两位老奶奶用广州话大声地谈笑。先伯父叫我和弟弟跪下向两位老奶奶叩头行礼,告诉我们她们是梁家的三太、四太。三太只说广州话,四太能说一些衢县话。

梁家的三太、四太离开后,书斋里的客人也陆续地散去。晚饭后,先伯父的书僮冯顺来叫我和弟弟到书斋去，说先伯父有事和我们谈。

我走到书斋门口，看到先伯父在喝茶。我和弟弟走进书斋，先伯父叫我们坐在他旁边的沙发椅上。他一开口就问我们说："你们知道我们家和梁家的亲戚关系吗？"弟弟说，不知道。我说，我听祖母说过我们两家是亲上加亲。先伯父说："噢，你说给你弟弟听。"我把祖母告诉我的话说了一遍。先伯父说："过两天叫伯母带你们到梁家拜见思孝表叔、表婶和表姑母他们，要注意礼貌，他们家很讲究规矩的，懂吗？"我和弟弟都说，懂得的。

第二天下午，梁家思孝表叔来看先伯父，两人在书斋里断断续续地谈话。先伯父把我和弟弟叫进书斋，介绍了梁家表叔，我们向他行礼。表叔的年龄看去只有二十五六岁，耳聋，用石笔在石板上写字和先伯父谈话，先伯父也把话写在石板上。表叔一口纯粹的广州话，他问我和弟弟在哪个学校念书？先伯父写在石板上告诉他。他笑着说："好极了，好极了，明天到我家去玩。"先伯父告诉他，本来打算明天到你家去拜望你们，好吧，明天下午叫他们去吧。表叔知道我们明天下午去他家，他高兴地说："欢迎，欢迎。"

过了一天的下午，先伯母领我和弟弟坐马车到了梁家。

红漆的大门真大呀，门环是黄铜的。我们走进大门，看到两廊的墙上都嵌着各式各样的古瓷器，第一进中堂外面的院子里种着丁香等花卉，中堂外摆放着四只大瓷鼓，中堂上设有精巧的紫檀花架，上面陈设许多古瓷花瓶、盘碗、佛像等珍贵古玩。四太就住在第一进中堂右边厢房里。听到先伯母和我们谈话，她笑着从房里走出来领我们到第二进中堂去见三太。表叔、表婶也来了，我们跟着他们到内进中堂。三太从房里走出来，我和弟弟向他行礼。这里的古玩、字画、瓷石鼓、院子里的花卉都比第一进多而好。我们坐在那里喝茶、吃点心，有许多使女走进走出，忙着在干活。

表叔领我和弟弟到他书房里，啊，古书、画卷、画册、古玩真多呀！表叔捧出一叠画册给我们看，我们小心地轻轻翻着。表叔又领我们到花园里去玩，有一些花正盛开。在一口井边有一座葡萄架，葡萄藤刚从根边泥堆里掘出来，放在架上。表叔说："这株葡萄是表哥（先伯父）送我们的，每年可采摘百十斤甜紫葡萄。"

有一个使女叫我们去吃晚饭，我和弟弟走进内进中堂，桌上的菜都是按广东式样烹调的，非常丰盛。这时从外面进来一位十五六岁的姑娘，先伯母告诉我们,她就是表姑母。我们正要上前向她行礼,却被四太拦住了。她笑着说:"认识了就是,我们去吃晚饭吧。"

晚饭后,我和弟弟随着先伯母坐马车回家。走进先伯父书斋,他把画笔搁下说:"你们回来啦,你们把看到的事情讲给我听。"我和弟弟讲完后,先伯父说:"是呀,因为他们家里的书、画、古玩很多,我经常去借书和鉴赏古文物。我现在正在撰写《龙游县志》,对方志学的许多见解,我得到你们表爷爷梁鼎芬的启迪。他的古诗写得很好,可惜有一些遗失了。我从各方面搜集到他的遗诗,编成《节庵先生遗诗》一部二册,是木刻本。在他的一些遗诗中有多处和你们先祖父延秋公的酬唱诗。"先伯父又从书架上取出一幅画,画着一座规模很大的墓地。他说:"你们的表爷爷在一九一九年底逝世,安葬在易县的梁格庄,我送葬回家后,画了这张《梁格庄会葬图》。"这张图画得真精细,我看了又看。先伯父又拿出一张留着长须的老爷爷的照片,指着说:"这就是你们的表爷爷。"

梁家表爷爷的遗诗,先伯父画的《梁格庄会葬图》,过了一段时间,在我的脑子里消失了。现在才知道《节庵先生遗诗》一部二册,木刻本,以及后来叶恭绰先生编有《节庵先生遗诗续编》。先伯父绘画的《梁格庄会葬图》现在存藏于浙江省博物馆。

一九三一年,我正在北平中国大学读书,一月下旬,学校开始放寒假。本班和其他系里的十几个南方籍的同学,相互自由结合,一致同意到天津搭乘本国招商局的海船到上海。到天津招商局轮船公司去购船票,公司大门边挂着一块木牌,上面贴着:轮船修理,暂不售票的通知。跑到英商办的太古和怡和两个轮船公司,那里的账房先生都说,轮船票已卖完。不得已只好到日本人办的日清轮船株式会社(有限公司)购得"唐山丸"轮船的统舱票。

轮船停在日清轮船公司码头,我和同学们一上船就遭到日本宪兵等检查行李、搜身,又经过什么体格检查,说是有病的人不能上船。检查时,又对中国人百般侮辱,我们看到又恼怒,又后悔,认为不应该乘坐日本人的轮船。

当晚十一时,趁潮水上来时就起航了。船通过塘沽、大沽口出海了,突然刮起大风,风越刮越大,白浪滔天,船身上下、左右摇摆。不多时,大部分船客都晕船呕吐,连部分船员也躺倒不能行动了。正在人心惶惶时刻,统舱通往上面的舱门被锁上了,这一下乘客更慌了,想着如果轮船出事,大家都上不去逃命。

不多时,舱门打开,露出一位船员的头,他大声说:"大家坐稳,不要乱动,船的机器被海浪打坏了,现在是随风漂流。"

船漂流了三天三夜,大家都没有吃东西,其实也不想吃东西。第四天,风势削弱,舱门一打开就听到在甲板上的人说:海水前面有一条黑线。真的,前面是陆地,我们乘坐的船由一条小驳拉进码头,听船员说,到了大连港了。

船上的食品已消耗了很多,我和几个同学站在甲板上商量上岸去吃点东西。船上的水手告诉我们说,没有护照,日本人不许你上岸,你一上岸就会被日本宪兵抓去。大家正在为难时,忽听到有人叫我的乳名,我对叫我的一位老奶奶仔细一看,啊,原来是梁家四太。她说,我听到你们要上岸买东西吃,我看你们不要上去,我有很多别人送给我吃的东西,你拿些去给你的朋友吃吧。同学们拿些吃的回到下面统舱,四太拉我到她乘坐的房舱里。我一面吃着她给我的面包,一面听她说:"三太已病故,聋子表叔把房子卖掉,写信叫我去搬我的家具,你看,这些箱子等是从北平搬出来的,还有一些东西都在当地卖掉了。"我问她表叔现在住在哪里?四太很难过地说:"聋子呀,他和他的老婆、女儿同同(同生)住在西单皇城根。他没有职业,值钱的东西快卖完了,生活很苦,全靠老朋友接济。"

轮船在大连船厂修理,停了一个星期,我每天都去看四太。四太说:"你同来的朋友很多?"我说,他们是我的同学。她说:"你的表姑母嫁给胶济铁路青岛车站一位工人,我这几年都住在青岛。我带来的行李很多,船到青岛时,请你们同学帮忙把我这些行李卸到码头上。你到表姑母那里,告诉她,叫你的表姑父雇两辆大卡车来码头搬运。"我答应她一定办到。我问清楚了表姑母住址,又去和同学们商量。同学们说:"没问题。"

轮船又起航了,经过旅顺、威海卫、烟台,到了青岛。轮船一靠码头,同学们就动手卸行李,我找到了表姑母,把四太的话一说,就从房里走出一个工人模样的青年,表姑母介绍我认识了,他就是表姑父。他二话不讲,立刻去雇大卡车到轮船码头去运行李,轮船在青岛停了两天,我都在表姑母家吃饭。

我到杭州先伯父那里,没想到我的祖母、我的父亲也在那里,他们听到梁家表叔一家这样穷困,都觉得很难过。先伯父说:"寒假过后,你回北平,我把每一季度接济梁家表叔他们的生活费用汇给你,一共是一百五十元。你每月交他五十元,不可以一次把所汇的款交给他,他用钱不大有计划的。"我答应先伯父,一定照办。我还告诉先伯父,等我到表叔家看了以后,再把详情禀告。

寒假过后,我回到北平,一星期光景,收到先伯父汇来一百五十元。我把汇款取出,立即到皇城根去找梁家表叔。我找到他们住的地方,真使我不相信,他们会住在这样又低、又旧的小屋。我站在门口叫了几声表叔,他的女儿同同走出来,认识了我来看他们,就叫我进去,表叔和表婶都从房里走出来,他们问我怎么会知道现在的住址?我在石板上写着说:"寒假回衢县时,路过杭州,把你们的近况告诉了伯父,他叫我代他向你们问好。"我坐了一忽儿,表婶和同同都有事出去了,我把伯父汇来的五十元交给表叔,我在石板上写了一下就擦掉。表叔知道这五十元是先伯父给他们的日常生活费用,他连声说:"谢谢表哥,谢谢表哥。"还紧紧握住我的手,嘶哑地说:"常来玩啊。"我说,会经常来看你们的。我临走时,他依依不舍地陪我走一段路才回去。

我从此每个月都把先伯父汇来的钱按时送交给梁家表叔,一直到一九三四年六月。我在中国大学毕业后就离开北平,嗣后,先伯父把汇款给谁去转交,我就不知道了。

一九三七年以后,先伯父自杭州到家乡龙游,旋迁居于南乡沐尘。我到沐尘去看他时,他正忙于画山水、毛竹、松树等画,以及书写对联,有时还抽出时间集编《寒柯堂诗》。他书桌上摆着杜甫、白居易的诗集。我正要翻开杜甫的诗集,先伯父说,慢着,我给你几首诗看看。当时,他递我一叠诗稿。当我读到诗稿中有四首诗是记述他藏有"归""顾"两卷画的五言诗。我读了几遍,就请问先伯父可否答应我把这些诗抄录下来? 先伯父点头说:"抄吧。"我又问先伯父说:"我听说您出重价收购两卷画,是否就是这两个画卷?"先伯父沉思一下说:"是的。我当时听到梁家生活困难,可能是三太把万年少的《秋江别思图》(即"顾船"卷)和归玄恭的《墨竹诗翰卷》(即"归竹"卷)贱价出售。这两卷画是你梁鼎芬表爷爷认为最珍贵的物品,因为是溥仪送给他的。我唯恐这珍贵文物被人偷走给外国人,就千方百计凑足款子把它们重价购回。我得到这两卷画,就写下四首诗,以作记念。"

我当即把这四首诗抄录下来。原诗题着:"题自藏归玄恭为路安卿写竹及书越游诗,卷后有顾亭林题诗。时玄恭已殁,亭林谓时方忌讳,不敢书哭玄恭诗,其痛可知也。因次哭玄恭四首原韵。"

明季多贤才,抗节尤风厉。归顾并二路(振飞、泽溥父子),结纳依江沨。相将痛沧亡,慷慨悲失计。聊借翰墨缘,遣此岁月逝。

集外越游诗,哀感信绝俗(越游诗九首,为本集所未载,盖后人编集时有所忌讳也)。奋笔写笾笪,聊当湘灵哭。有诗不敢书,兴嗟徒仰屋。此卷幸获存,终古留芳躅。

即以文艺论,归顾亦健者。逸致出风尘,深情寄草野。感叹成篇章,俳恻工镕冶(亭林所书诗题为"路光禄书来,叙江东同好诸友一时俎谢,感叹成篇")。念此生死交,展卷为泣下。

我有顾船卷,并此足冠军(万年少为亭林先生所作"秋江别思图"卷,梁节庵先生于其箧面题'顾船'二字,言其图中之舟有亭林先生在也。此卷则于箧面题'顾诗'二字,非偏重亭林,欲使此两卷成偶耳)。荒斋韫双璧,寒柯动风云。忠义凤所安,觊觎徒纷纷。生随死或殉,哀鸣期共闻(余藏此二卷,海内藏家多垂涎,欲以重金或他种珍品相易者屡矣,予皆未许。昔汪容甫题其所藏定武兰亭真本云:"嗟予薄祜,居贱且贫。晚获此宝,期没吾身。生莫之夺,亡或以殉。哀而听之,实惟仁人。"予亦同此志也)。

先伯父得此两卷画,爱不释手,作诗四首以明志。现在重读这些诗,进一步明确这两卷画的名贵,实为稀世之宝。

前些时候阅读清朝末代皇帝溥仪撰写的《我的前半生》,文中多次提到他的师傅梁鼎芬,有几处较详细的叙述。溥仪在书中写道:"梁鼎芬是他较晚的师傅,曾授毓庆官行走的头衔。"宣统八年(一九一六年)十一月十四日,溥仪赠给梁鼎芬一卷阎立本画孔子弟子像。宣统九年(一九一七年)三月初十日,赠给梁鼎芬"唐宋名臣像册"一轴。至于"归""顾"两卷,何时赠与梁鼎芬的,书中没有记载。

在溥仪《我的前半生》书中,提到民国二年(一九一三年)冬天,光绪和隆裕"奉安",梁鼎芬赴梁格庄皇陵,哭谒光绪陵,溥仪授予他为"崇陵陵工大臣"。梁向全国各地的清朝遗老劝募,供奉崇陵工程使用。他并在光绪陵前大量植松,表示效忠清室。梁的这些举动遭到当时与后世的非议,但在当时,梁的思想感情囿于局限性似不足为怪。因此,他的忠君思想、封建意识,姑且不作较严格的批评。反之,梁对古籍、字画,历代名人文集,大部丛书等都善为珍藏。他对方志学也有独到的见解。这些大量藏书,提供学者阅读,这是值得表彰的。最可惜者,是他的多处藏书悉遭毁坏、流散,这是无可弥补的损失。现在抄录一九八七年作者晓明在《文汇读书周报》中登载一段梁鼎芬藏书的特点与多处藏书室的地点和名称的文章,文中均有较详细的叙述,就把它作为本文之殿。

《文汇读书周报》的原文是:

梁鼎芬一八五九年六月六日生,一九一九年十一月十四日逝世。梁字伯烈,又字星海,号节庵、藏山,广东番禺人,曾从大儒陈澧读。一八八〇年中进士,授翰林院编修。中法越南之战时,因疏劾李鸿章六可杀之罪被贬官。后受知于张之洞,由书院院长逐升至湖北巡按使、布政使等职,不久,又因弹劾庆亲王奕劻与袁世凯,而遭贬斥。清亡后,仍效忠王室,以是颇遭物议。

其藏书处因时因地而异,中进士前后,居北京米市胡同,以隋朝勤于读书解经之何妥(字栖凤)自况,取名"栖凤楼"。嗣以其同学陈树镛题名为"毋暇斋"。在武昌时,称为"食鱼斋"。弹劾奕劻等受贬后,题为"精卫庵",以示"花可傲霜看晚节,鸟思填海有愚忠"。清亡后,废帝溥仪赏赐"岁寒贞松"匾,又改为"寒松馆"。后又题为"葵霜阁",表示"为芟恶草护忠葵"之意。(这就是梁鼎芬的藏书所,由"栖凤楼"递改为"葵霜阁"的经过。)

梁鼎芬藏书特点:不重宋元古本,而以收藏丛书、方志、清人文集为重点。而清人文集中绝不收袁枚(简斋)与龚自珍(璱人),以袁"素行无耻",龚则"心术至坏"。

于此可见其为人与立场。此外,节庵极力倡导书院藏书与公共图书馆。并率先,且动员他人捐书。

节庵自藏各书,分为三份:一份捐入镇江阮元所创之"焦山书藏";一份存广州"梁祠图书馆"。手订观书、抄书、借书、捐书章程二十三条,供学者借读;另一份则留自用。

所遗憾者,梁氏物故后,几处藏书均被毁流散,数十年经营,竟成泡影。

我离开梁家表叔他们已五十三年了,一九七八年我再次到北京时,曾想到梁家表叔,问遍西城皇城根一带居民,都回答说:不知道。我只得向以往梁家表叔住过的房屋,来回徘徊、观看,望屋兴叹而已。

录自龙游县文联(筹)、龙游县文化局编《余绍宋研究通讯》1987年第2期。

未开花独赏，久屈蠖应伸

——追念恩师余越园绍宋先生

刘衍文

一

接到故乡要筹备成立"余绍宋学术研究会"的通知，真是喜出望外。余先生是我的恩师，如果没有他老人家的谆谆教诲，我要像现在这样地著书立说，并对高等学校的中、青年讲师、助教进行指导，那简直是不可想象的。正是追随了余先生，才使我窥见了学问之大和途径之宽；也正主要是依靠了余先生的启迪，才使我坚定不移地决定了专攻的方向。

因此，自从他老人家逝世以后，我一直想用各种方法和形式来抒发我深深的追怀之情，但由于生活道路过于坎坷曲折，政治上又长期横遭迫害打击，实在没有什么机会和办法来叙写我的衷曲。

拨乱反正后，一场噩梦总算结束，自己虽已垂垂老矣，且衰病随之，但所幸头脑却老而弥健，际此清明，得以自由发抒自己的文艺思想。我颇有感触地写下印度诗哲泰戈尔《飞鸟集》中的话来表达我的心情：

> 我曾经受苦过，曾经失望过，
> 曾经体会过"死亡"，
> 于是我以我在这伟大的世界里为乐。

虽然，平居为人，不忮不求，愿终身以黄山谷"淡薄似能知我意，幽闲元不为人芳"（《次韵赏梅》）自勉，而这也正是余先生所寄望于我的，可是在"夕阳无限好"的今天，我不由又想起赵昌父的诗来了：

> 看此數腴色，思侬少壮时。盛年虽不再，犹拟岁寒知。(《严先辈诗
> 送红梅次韵》)

平生虽"不为人芳"，然而"后凋之心"却仍欲为人了解，但时间毕竟有限了，我因此发愤而拼命著述，一心要想把那无可奈何而断送了的大好时光追夺回来。这也正是使我能在这伟大的世界上为乐"忘忧"的主要因素之一。因此得有机会在我和儿子合写的两部书里记下一点我和余先生的师生之谊，聊表我的怀念之情和尊敬之意。

一部是1981年6月完稿，今年（1985年）由花城出版社出版的《文学的艺术》。这部书在谈"移用"的情况时，提到了"集句"，说明集句集得最严格而又有大量出品的，在诗有黄之隽的《香屑集》，在词有朱彝尊的《蕃锦集》，接着写道：

> 随集句诗兴起的，还有集联、集字联等。先师余越园（绍宋）的《宋诗集联》，数量之多和质量之精，也是前所未有的。

以下又论了"集句"的得失，随后说：

> 《宋诗集联》自署曰"越园遣兴"，这话就说得够清楚了。（见该书第二○五至二○六页）

遗憾的是，在写这些文字的时候，提到的三部集句书手头一部也没有，余先生过去送给我的《宋诗集联》，都和我的文稿、藏书一道，早已化为"十年浩劫"的"劫灰"了。所以书中只能凭借记忆泛论，无法举例说明。

还有一部是《袁枚〈续诗品〉详注》，这部书的《后记》写到了成书的渊源，特别着重提到了余先生（《后记》见另录）。

又，这部书除《前言》外，全部是用文言文写的，固然一部分是书的性质所决定，但主要也在其中寄寓了我对余先生的某种怀念之情，因为余先生是喜欢文言的。

然而这种个人浮光掠影式的带叙，就纪念余先生来说，怎么及得上成立学术研究会以作专门的研究，所以，又怎能不使我喜出望外呢！

二

余先生是我的老师，照理应称一声"师"或"夫子"，逝世后则称"先师"才是。但余先生在世时，我写的文字，如《董理故编纂蒋宰棠先生遗稿记》（见《浙江省通志馆馆刊》第一卷第四期）中，只称"馆长余先生"；《校读〈寒柯堂诗〉删定本书后》末后既自称弟子，而文中却称"余越园先生"，又屡称"先生"；作古后只在我们写的两本书中称"先师"。现在我写这篇文字，除了副标题称"恩师"外，行文仍只称"余先生"，这岂非大不敬吗？殊不知这正是我们龙游人对他的习惯上的亲昵称呼。据我所知，龙游人，其时除少数几个老辈，如内子的外祖母见面时直呼其乳名"樾樾"，少年儿童尊称其为"老先生"外（见《寒柯堂诗集》卷二《山居杂兴六首》之三："兴来偶傍小溪行，照见须眉突自惊。无怪儿童尊敬我，相逢争唤老先生。"），一般都称他为余先生。只要一提起"余先生"，大家都知道是谁，决不以为是指其他余姓。这"余"字按龙游人的特殊发音，一般都念"移"，唯有与"先生"二字连读时念作"依"。附带说一句，对音韵学研究者来说，考察我们家乡音韵的特殊性及其变迁，当是一件很有意义的事。

在我们和余先生相处的日子里，龙游人都这样称呼他，只在写信时才称"越公馆座"，其他人都径称"馆长"或"副议长"。地位较高或年纪较大的则称其为"越老"。

余先生虽是我的老师，但我却没有行过大礼。所谓"大礼"，按照传统的规格，是要摆酒席，点上大红烛，并邀请若干名流学者来作证人的。旧时代一般的大师都不肯轻易收弟子，正式收学生，都要举行这种隆重的仪式。也只有举行过这种大典，师生关系才算正式确定。不然的话，要是贸然妄加攀附，称某人是自己的老师，而某人却公开予以否认，那是要见笑士林，为人所不齿的。旧时师道尊严，于此可见一斑。

看过余先生《寒柯堂诗》的人都知道，这书的最后有一篇我作的《校读〈寒柯堂诗〉删定本书后》，文末署云："民国三十五年五月龙游弟子刘衍文谨识"，这样写而余先生一无异议，实际上表明余先生是默认我这个学生的，但是我却的确没有行过大礼。那么，为什么他会不持异议呢？须知余先生性格通达,加上又留学日本,受过新潮流的洗礼,主张实事求是,决不会拘执古礼而不思变通的。然而好笑的是,前几年,我的一个朋友吴广洋兄还谈起他有个很有才华的亡友,一直在浙江省通志馆工作的,曾经和我一道行过拜师大礼。我说我根本不知道此人,我自己也从来未曾行过大礼。广洋兄听了却冷然一笑说:"嘿! 真是贵人多忘事! 我早就听人说过,余越园先生有两个得意门生:一个是你,一个就是他呀! 你不能连这点都赖掉呀! ……你是不是现在有所忌讳吧! "

　　我说:"我现在无贵可言,也没有什么忌讳和需要赖账的东西。尽管老而善忘,可是少年时代的事还是历历在目,总不会连和我共同行过大礼的人也忘得一干二净吧! 如果贵友曾在浙江省通志馆工作过,而由于我没有在那里工作太久,可能时间有先后,我不一定清楚。不过我的好友唐家仁不但与浙江省通志馆相终始,而且该馆成立之前,在'浙江省史料征集委员会'时就已经在那里工作了。也许他能知道贵友的一些情况。"为此我和家仁通了好几封信,但家仁也说不知道有这么一个人,连一点影子都没有。我把家仁的所有来信都给吴广洋兄看了,但他总还不以为然,坚持说,他的这位亡友是一个忠厚长者,决不会对他有所欺骗,说我们的记忆靠不住,所知不完全;并且讥刺我说:"有这么一个同门,也不辱没了你呀! "这真不由我感到有点哭笑不得!

　　这不由又使我想起另一件在云和时的往事来。有一次,我和几个同事入城,突然下起大雨来,就到一家店铺躲避,偶然发现壁上挂着一张余先生的画,觉得非常诧异。大家一边欣赏一边谈论,这时店主问我们:"你们看什么? 喔,这是副议长画的。"——当时余先生兼任浙江临时参议会副议长。我们中间有一个人问:"你这张画是哪里弄来的? "店主大言不惭地说:"副议长是我老朋友嘛! 什么弄来不弄来的,是老朋友的交情,画了送给我的嘛! "我们听了都不禁相视而笑。其中一个调侃地说:"这画真画得不错,我出钱多一点,你卖给我如何? "这时店主顿时拉长了脸说:"吓! 你们以为用钱买得到的吗? 你们多拿些钱请副议长画画看! "语气里充满了自鸣得意。

　　浙江省通志馆哪里有这么一位和我一同行过大礼的余氏高足! 副议长哪里有这么一位他乡异县的市井老友!

　　然而店主虽是假话,却也有事实,余先生的画确实非钱物可易,这倒是说得很中肯的。那一个阶段，在我看来是余先生的艺术达到了最成熟、最高妙境界的时光，他绝不轻易为人写字作画，又不肯出版书画册，致使余先生的艺术精品很少能在世上流传。可惜的是，在我和余先生相处时，只凭了我个人的狭隘爱好和他说诗论文，而于此道极不措意。现在回想起来，真是追悔莫及。要是那时能坚持建议余先生出版一些书画集子，让这些极其珍贵的艺术成果得以保存留真，这对于我们今天的研究、继承和发扬来说，会具有多大的价值！

三

说起余先生，我在很小的时候就已经知道他的大名了。大约是在十几岁时，偶然翻阅家父的藏书，见有一份刻印的钦赐举人余绍宋的廷试策。当时颇觉好奇和纳罕（按旧日科举时代，考中甲榜和乙榜的人，都要把他们的试卷连同房师的圈点和批语刻印分发熟人，以答谢大家的祝贺，试卷前还有考生的祖父、父亲和本人的简要介绍，简称三代册）：殿试一般都是赐进士及第和赐进士出身，或赐同进士出身，只有乡试才称中举，可"钦赐举人"的规格从何而来呢？

后来见到徐珂编的《清稗类钞》，其《讥讽类》"洋进士洋举人"条云：

　　科举时代之进士、举人，略如欧美日本之学位。宣统己酉，学部奏酌拟考试毕业游学生章程，中有分等给奖一条，列最优等者奖给进士，列优等、中等者奖给举人。各冠以某学科字样，习文科者称文科进士、文科举人，他科仿此。顽固之人以若辈皆自东西洋游学而归也，辄以异路功名视之，谓之曰洋进士、洋举人。……游学生既经学部考验合格，分别等第，于保和殿举行廷试，即科举时代之殿试也。廷试须作经义一篇，题由钦命。主试、襄校、监临、临试、提调、收掌、弥封、庶务、监场各官，一切职掌，与向之乡、会试情形大相类似。盖朝廷之学校，固仍以科举视之耳。

照这样说，是否余先生廷试时的成绩不是最出色呢？其实非也。写这段文字的人，只知其一，未知其二。须知留学回国的考试，实际上已流于形式，决不会有不合格者在。再则赐进士和赐举人，也绝不由成绩决定，而是看你究竟是在哪一国留的学。当时的社会潮流,是重西洋、轻东洋的,因此,凡是欧美留学回来的,廷试后一律钦赐进士出身,凡是日本留学回国的,廷试后一律钦赐举人之号(不得称出身)。而且,只要是留学回来的,不管你读的是什么级别的学校,也不管你得到的是什么学位,只要有一纸文凭,就都一视同仁,唯有东西洋之间,却是区别对待的。

关于这一项不成文的措施,是我在请教了余先生后他给我的回答,足可纠《清稗类钞》之误。而好些谈余先生历史的文字,似乎都没有提到这一件事。要是现在尚能找到这份刻印的试卷,不仅对研究余先生会有帮助,而且它本身还是一件很有价值的文物和文献资料。可惜当时我没有问余先生留学和廷试时的具体情况及其观感,因此失去了记述这些掌故的依据。而现在,那时身历其境的人也都已作古,不会再有其他翔实记载可为凭证了,说来也真是遗憾得很。

四

我之得见余先生已迟在 1943 年冬,是由老共产党员童蒙吉(果行)先生引见的。

老一辈的人都记得,1942 年,日寇向浙东大流窜,龙游、衢州、江山遭到了极大的破坏。我那时尚在衢州中学读书,由于资助我家生活和负担我读书的亲戚破产了,我家衣食维艰,我则既失学又失业,一家仅靠若干友人的微薄接济维持生计,自己则以卖文所得聊作补充。当时童先生看到我在《东南日报》《浙江日报》和《前线日报》发表文章,就介绍我到龙游县立中学去执教。我的同乡老师张基瑞先生也作了介绍,但由于没有学历,不被接受。这两位先生虽然都很惋惜,却也无可奈何。

就这样,几乎度日如年似的过了一年光景。一天,童先生忽然很高兴地来看我,要带我去见余先生,说:"余先生现在探亲回乡,已受聘为浙江省通志馆馆长。我已和余先生谈起过你,他决定用你,想先看看你,然后让你到他那里工作。现在把你的著作带好,我和你一起去见他。"

其实,那时我哪儿谈得上有什么著作呀!只是发表在各种报纸、杂志上文字的剪贴本,那些东西,在一个学者的眼光里,原是不登大雅之堂的。

余先生和颜悦色地接见了我,翻开我那厚厚的剪贴本,显得有些兴奋地说:

"啊！你写的文章我大多看过，不过我不知道是同乡人——你这么一个年轻人写的！"

工作原则上就这样定下来了。可是，由于局势动荡不安，机关要裁员，一时安插不进去，因此一再通知我"缓来"。而不久日寇第二次大流窜又来了。由亲友们七拼八凑起来的行装又遭到了一次洗劫，直到1944年10月，才肩了一担破旧步行到了云和大坪——当时的浙江省通志馆所在地。

这时，我的生活才算安定下来。

在云和大坪的生活是值得怀念的。白天，余先生指导我们工作和学习，晚饭后，我们跟随余先生夫妇一道在附近的田野散步。回馆后就到他的寓所客厅里品茶谈艺。品茶我是外行。记得有一次，看到有一种特殊的茶叶，似乎古人都未见有过记载：茶叶只用一片，在一个小茶壶里煮开，每人用一个小茶杯，各自酌上一点点，再用开水冲满品尝。很多人都说味道极好，我只觉得和一般红茶的苦味差不多，没有什么独特之处。余先生笑我为"不知味"。我说，《中庸》里说过："人莫不饮食也，鲜能知味也。"知味本来是一件难事啊！这种茶叶究竟什么名称也已忘却，只知一片茶叶，八九个人品尝，可以连煮三四次之多。直到现在，我碰到过好些善于品茶的人，问起这种茶叶来，他们也都闻所未闻，当作奇谈来看待。

那时余先生的生活规律是：早上天未亮就起床，盥洗后即点灯写信，有时写得很多很快，从不属草。信写好后立即交家仁录底。家仁借此机会临摹习字，所以有一段时间，他写的字，在外行人看来，几乎可以乱真哩。有一次连祝鸿逵（子孚）先生也有这种感觉。不过我们看得多、看得熟的人，还是能够鉴别的。

信写好后就读上一会儿杜诗。余先生晚年对杜甫似特别爱好，每晨必诵。大约这是处在抗日战争的苦难时期，与乱离天宝时的杜工部大有异代同心之感的缘故吧！

不久，家仁和我负责编辑馆刊，主编是洪焕椿，稿子收集好了，我们看后编完目录，余先生都要一一过目。几期的后记都是我执笔的，但都经过余先生的润色。我写的文章和诗，发表在馆刊上的，余先生也都做过修改，其他同人的文字，情况也一样，如劳泰来先生写的四首诗，余先生就改动得很多。

余先生给我改文字，第一次改得很多，但却顺着我的笔意。我揣摩一下改动的道理,恍有所悟,再写出来的东西,余先生就少有改动了。受此影响,我后来在教学中批改学生的作文,用的也就是余先生的办法。第一次大改而特改,请学生自己来说明我改动的道理和好处。许多学生后来在写作上都有长足的进步,对我表示感谢。但饮水思源,又怎能不使我感激余先生呢。

不过,余先生认为我的文章和诗都是不够格的,但又怕挫伤我的进取心。有一次见到家父,谈起我说:"衍文的见识很'厉害'("厉害"是余先生的口头禅,含义很广泛,有高明、聪明、能干、有能耐等等意思),连我都吃他不消。将来他肯努力,也许可以取得如刘彦和、刘子玄和章实斋这样一些古人的成就。但文章却还不够成熟,还需要下苦功多加磨练。不过这时可能已经定型,要更上一层已经来不及了。希望他能在理论上做出出色的成绩来!"

余先生的话是对我的终身鉴定。的确,我始终没有写好文章的能力,不仅过去如此,现在也是依然故我。《文心雕龙·体性》所说的:"夫才有天资,学慎始习,斫梓染丝,功在初化,器成綵定,难可翻移。"最精微的道理就在这里。我缺少的是创作的才华,也没有诗人的气质,初学入手时无人指导,只凭自己暗中摸索,且时逢丧乱,应读的书都无从求得。先天既不足,后天又失调,写不好文章,是自然而然的事。姑就为余先生诗集所写的《校读书后》来说,这是余先生不曾动过一字的,全文用语之未能避俗、避熟固不必说,即就行文构思而论,那又是多么不像样的一篇"八家空套"的文字呀(文见另录)!

"专攻理论,放弃写作。"我毕生遵循的就是余先生所指示我走的路。但由于各方面的过多干扰,至今我在理论上仍然一无建树,实深有愧于吾师之厚望!

五

我的许多文艺理论观点,在随侍余先生前后,基本上已经初步形成。例如现在出版的《文学的艺术》有关"真实性"的问题,其中对欧阳修《秋声赋》的看法(见上书第一〇七至一〇八页),还是我在 1944 年 2 月 16 日发表在《前线日报》副刊《磁铁》上《秋夜谈〈秋声赋〉》的摘录。后来经过余先生的指点和师生间的相互诘难,在广度和深度上遂有了长足的进展。可是离开余先生后，虽然那时还没有解放，也已受到了极"左"思潮的影响，此后就不断地"向'左'、向'左'、再向'左'"。我在 1956 年撰写的《文学概论》，就是极"左"思潮冲击下的产物。然而可笑的是我这个具有极"左"文艺思想的人，竟会受到极"左"路线的政治迫害！要不是十一届三中全会精神振聋发聩的作用，我的头脑似乎还不会大彻大悟。由此可见我的幼稚和笨拙了。经过反复的自我检点，我终于在兜了一个冤枉的大圈子后仍然又回到了原来的位置。现在我坚信我小时候最早形成的想法是正确的，那部虽有英、日、俄译本的书却是一堆有害的垃圾。如今我向学生讲授的，以及撰写出版的，大体都是我少年时代的观点，其中有不少是我向余先生陈述过或双方论辩过的。由此也可见我进步的缓慢。有时我毫不隐瞒地对学生说，如果要论水平评教授的话，我应该在二十岁左右就是一个教授了。可是现在呢？由于后来一直没有机会好好钻研，事实上也不允许钻研，所以在某些方面来说，反而大不如前了。"学如逆水行舟，不进则退"，这原是毋庸置疑的呀！若论资格呢，我不仅没有上过大学，甚至还不是中等师范毕业生。要是现在还在中学或小学教书，审核起来，我还算不上是一个合格的教师，不被淘汰，也要继续进修，通过考试。然而究竟有多少研究生能够像我那样，在追随余先生的日子里随时可以得到导师的指导？为什么我们现在总把学历看得这么死？为什么只承认在校学习的学历才是唯一的学历？通过其他途径的学习就不算学历？这是多么形而上学啊！然而，现实就是如此，在漫长的岁月里，我曾因没有学历受到多方压制。为了应付环境，后来我也混了一点学历，我也从不讳言那是混来的，其实于我的实际毫不相干。可是在我最初进身之际倒也派了一点小用场。好在虽处唯学历是问的今天，对于我个人来说是再也不会有人用学历来加以刁难了，即使我没有读过中学也无所谓。遗憾的是，在我年轻时的那个动荡年代，就我个人来说，的确没有好好上过课，几同十年动乱时的学生情况差不多。

余先生毕竟是个有识之士。他爱的是人才，问的可不是学历，这不仅对我这个小同乡为然。例如，瑞安的宋慈抱墨庵先生和余先生无一面之雅，只是看到浙江省通志馆馆刊的征稿启事，就源源不断地写了许多文章来。宋先生年将耳顺，一直在家读书，从来不曾外出谋事。余先生和我对他的著述都大为欣赏。有一次晚饭后谈起，余先生说，我想请他来馆担任分纂。我插嘴道，以这样一个有学问的人，只叫他做一个分纂，岂不太委屈了他。我以为不请则已,要请就应该请他做编纂,反正他是胜任得了的。余先生听了就立即致函省政府将编纂聘书发了出去。按照当时的编制,编纂和分纂的等级相差很大,编纂的底薪有五百六十元,分纂只有二百六十元和二百八十元两等。宋先生想来现在也必作古,但他始终不知道我曾经起过这样大的作用。然而要不是余先生乐于接受下属的意见,纵再多言,也是无济于事的。宋先生后来有一首到通志馆就任的纪实诗云:"我非作赋摩空手,潦倒丘园鬓渐霜。鄙事多能少也贱,新诗漫与老仍狂。……多谢龙游贤宿谊,散材樗栎许升堂。"(因送给我的诗稿遗失,颈联失忆)可以做一个旁证。宋先生下笔很快,但行文又很谨严。善作六朝骈俪之文,所著《续史通》,即以骈文为之,是不可多得的史论著述。他并没有举人、进士的功名,也没有博士、硕士的学位,其他体面的学历一概俱无,可余先生并不曾计较这些。后我于宋先生亦以师礼事之,与之谈艺,契合无间。

又如诸暨蒋麟振宰棠先生,年事极高。卒后余先生命我董理其遗稿。余先生说:"蒋先生未满二十岁就考取第五名举人,我小时候还读过他的墨卷哩。"可是后来他遭遇不好,如果没有余先生,连吃饭都会成问题的。余先生推荐他到浙江省政府做特务秘书(请现在的读者不要误会,特务秘书与特务是毫不相干的事,据说解放后就有人为担任过特务秘书一事而大吃苦头。其实真正的特务倒是不称为特务的。所谓"特务秘书"者,只不过是官吏的清客,不是代写应酬文字,就是帮助鉴别古董,其中只要有一技之长的,如写字、作画、篆刻等等,通过一定的关系,都可录用为"特务秘书"。其地位低于一般的秘书和科长,待遇略高于科员,但没有科员的实权,名义上比较好听一些而已。特务秘书的名额没有一定,平常也无所事事)。不意蒋先生担任特务秘书未久,由于落落寡合,不为上峰所喜,忽把他降调为科员。这种做法,是从来不曾有过的,其实是对蒋先生的莫大侮辱,蒋先生如何忍受得了?但不做吧,吃饭又成问题,好在随即浙江省史料征集委员会成立,余先生任主任委员,遂通过省政府聘蒋先生当了委员。旋即改组为浙江省通志馆,又聘蒋先生为编纂。要不是余先生,蒋先生的情况就不堪设想了。

又记得在浙江省通志馆筹备成立之初,报上已发布了一则消息。当时就有一个名叫陈豪的先生写了一篇《写在浙江省通志馆成立以后》的长文,提出许多意见和看法,刊登在《东南日报》上。余先生读后马上与该报负责人联系，查到作者的地址，准备聘他共事。但想不到陈先生这时已经离开浙江，行踪莫测，追之不及。有时话及，余先生还为之惋惜不已。

可见余先生是多么爱才如命。但当时有些家乡父老总责怪余先生不肯帮家乡人的忙，不如邱炜之能提携照顾同乡。其实这是一个很大的误会。余先生其时不过职居清要，并没有多大实权，且那时政治腐败、经济萧条，处处皆人浮于事，余先生本人也已经愤世嫉俗之甚，这只要一看《寒柯堂诗》，也就可以一清二楚了。记得劳泰来先生唯一的令嫒，尝再三恳托余先生设法寻找工作，先生转托当时的浙江省政府秘书长李立民，两人联名向杭州市市长周象贤做介绍。周看在李立民的面子上，给了半个最低级别的工作（雇员），所谓半个者，就是两人合拿一个编制人员的工资，还有另外半个，想来也总是大有来头的哩。然而做不到多少时候，浙江省政府主席黄绍竑被免职，李立民随同去职，周象贤就立即变脸，拿只领半薪的劳先生女儿开刀了。可见周并没有把这个省参议会的副议长看在眼里。想到那时的种种黑暗，求业之艰难，真觉得生活在新社会毕竟是幸福的。有些人不赞成这种"纵向比较"，主张放开眼界，多做"横向比较"，这自然有一定道理。不过我认为，适当地进行一些纵向的回顾和比较，"前事不忘，后事之师"，似乎也是必要的，不应一律予以否定吧？

六

和余先生一道征文考献、论学谈艺之乐，几乎是笔不胜书的。由于年深失记，或以原始资料丢失而不能细写的也有一些。现姑就印象至今犹深的略叙几件：

对于余先生诗稿的取舍，大致已如我写的《校读书后》所叙，我留存了好些余先生自己准备删去的好诗，并且仿刘辰翁、纪晓岚的评点方法为许多诗做了批注；又仿元遗山《论诗绝句》例，对《河坑杂兴二十四首》逐首写了绝句加以论列。并以七律一首总论了其诗的思想性和艺术性。在我写这些诗句的草稿上，余先生批了几个字说："实获我心，赐可以言诗矣。"以下并签署了姓名和年月日，还慎重地加盖了印章。从这句批语里也可见余先生确认我是他的学生。

这些评语和诗论，原来都打算印到《寒柯堂诗》中去的。可是由于当时的印刷条件实在太差，且用以付梓的钱又少得可怜，所以就没有办法把它们刊印进去。在诗集即将出版之前,余先生就告诉我说:"很遗憾,你所用的心思白费了,没法排进去,真可惜,你看怎么办?"我说:"既然如此,我写的《书后》中'其他诸点,因篇而施,散见卷中,兹不具论'这最后的几句话,就应当一并删去了!"余先生略加考虑,说:"不,我看还是原封不动让它留着吧,读者看了,能够知道这里面有文章,去查批注却又一点也找不到,就自然而然会追究原因的。"

果然,在上海就有一些爱好旧诗的人,读了余先生的诗集后来问我:"为什么具体的评论一点也找不到呀?"

我的这本评点稿不知现在还留存在天壤间否,尽管评得不一定妥当,但与余先生的这一段翰墨之缘总是值得怀念的。

在诗篇的取舍和改动上,我和余先生也有过两次争议。余先生于抗日胜利后写的诗,初名《重光集》。一天半夜,一阵急遽的敲门声把我们从梦中惊醒,原来是省政府派人来报告日本投降的好消息。这一夜我们都不睡了。余先生兴致尤佳,即兴口占了两首七律。其中第二首后来的改稿已与初稿大不相同,这完全是根据我的意见改的。第一首题为:《寓云和大坪,闻日本投降口占,用老杜〈闻官军收河南河北〉韵》,诗云:"夜半俄闻敌已降,起来颠倒著衣裳。惊疑醒作还家梦,失措欢如中疾狂。何意忽能逢此日,从兹不必滞他乡。八年锋镝余生在,莫向崦嵫叹夕阳。"第二首题为:《前诗既成,意犹未达,再赋一首》,诗云:"不图竟见九州同,翻觉无颜论战功。赋废江南哀且止,捷传蓟北喜旋终。双丸原子来天上,一合诸侯晏海东。决胜如斯真意外,深惭献语未能工。"

我看后说,第二首的额联"赋废江南"云云,未免太觉率意,出之过易;颈联两句,尤觉可议,因为把新名词嵌入旧诗,必须融洽无间才行,近代黄遵宪、柳亚子的相嵌,各有得失,然而失多得少。我们不能因梁任公推重《人境庐》就一味盲从。我批评余先生这首诗把新名词嵌入,大有格格不入、不相协调之感。这正如穿长袍马褂的人系上领结一般不合适。反过来同样,穿西装革履的人若带上一顶瓜皮小帽,也是会令人发笑的。余先生听后,若有所思地说:"唔,作画也一样,中国的山水画中,若画上一个穿西装的人也是不得体的。"我说,这也不是绝对不可以,化合是一个关键。作画我不懂,不过我相信,在我们的土地上既会出现穿西装的人,就会在山水里也出现穿西装的人物,但如何搭配,却也得煞费苦心。若就诗文而论,章太炎的使用新名词，是一种方式；严几道的翻译，也是一种方式；梁任公的无所顾忌，又是一种方式，但都能表现他们独自的风格，都各有可取的一面。若黄、柳之诗，取其得而舍其失，也就可思过半了。接着余先生又问我："照你看来，这首诗应该怎样改才好呢？"我说："陆士衡《文赋》说，盖非知之难而能之者难也。我是个能知而不能为的人，不过我想在某些地方可用借代法来避免。"

结果刊印出来的定稿是：

　　不图竟见九州同，翻觉无颜论战功。世局迷离等儿戏，人间智巧代天工。三秋凯唱还江左，一夜降幡出海东。决胜如斯谁料得，深惭歌颂不由衷。

经过一番调度，借代之妙，实已得其堂奥了。

还记得在准备复员到杭州前，适逢重阳节，余先生因抗战胜利而兴致很高，约我们一道在大坪的背山去登高，返回时写了两首七绝给我们看。这两首七绝我已经记不起来了。余先生似乎觉得自己写得还不错，朗诵给我们听。可是只有我独持异议，说这两首诗写得不好，可以不存稿。余先生听后非常扫兴，似有些生气地说："这不都是纪实的吗？ 你是同去的，事情是不是这样呢？ 有什么不好？ 为什么要说不好呢？"我说："纪实的东西不一定就好。纪实的诗若无新意尤其难于讨好。陆放翁每梦必诗，袁简斋每事必诗，不能不说他们不是纪实吧？ 而其诗也正好有一部分是坏在这里。何况重阳的诗本来就难写，写成后留作自己纪念是可以的，若想留存后世，就须有其特殊的姿态风貌，否则就很难与古人争胜。与其只具中人之姿而欲与天下竞美，还不如藏拙为上。"余先生当时听后似乎还是不大乐意，但过后在写定诗稿时，却已不待我的建议而自行删去了。可见他是极肯采纳他人意见择善而从的。

当准备出版发行浙江省通志馆馆刊时，要写一篇发刊辞。余先生主张把过去登在《东南日报》附刊《史学商兑》的一篇发刊辞印在卷首，因《史学商兑》原就是馆刊的前身。出《史学商兑》时，我尚未到职，不知原委。一读发刊辞，署名余绍宋，觉得文字实在写得不像样，心里很是纳闷。现在又要印在卷首，这难道不会倒掉牌子吗？翻来覆去考虑了一夜，终于熬不住，第二天一早去见余先生，说："余先生，这篇发刊辞我觉得应该重写，否则是会贻笑大方的。想不到余先生竟会有这样的失败之作！"余先生问我究竟对哪些地方有意见，我于是大放厥词，滔滔不绝地几乎把这一篇文字驳得体无完肤。余先生一声不响耐心听完了我的"长篇大论"，然后才说："这不是我写的。我很忙，没有时间写。是项编纂慈园自告奋勇代我写的。项编纂是做报馆主笔出身的，下笔能千言立就，可就是驳杂不纯。……你让它去吧，反正识者是不会相信那是出于我的手笔的。"我说："这怎么行呢？这是会影响我们浙江省通志馆的声誉的，您看让我先行修改一下如何？"余先生迟疑了一会，大约不大放心我驾驭文字的能力，且于项先生面子上不好看，接着说："好吧，还是我自己来修改好了。"余先生大约花了整整一天时间，终于把它重新写好，再拿给我看，又斟酌了几个字句，就这样定稿了。现在我手头的馆刊和存报都已丧失，自己所提意见也已全部忘怀。若有人能找到馆刊和《东南日报》当时所刊的文字，两相比较，则金针之度世，正在个中。所以我建议将来出余绍宋先生学术研究会的纪念册子时，能设法查到这份报纸和馆刊，把这两篇文字同时刊出，则在探索如何布局、如何措辞方面，都会予人以莫大帮助的。

我和余先生争执最大、历时也最久的，是对袁枚的评价。我很推崇袁枚，为此后来还曾受到某些人的歧视，甚至失去了做较好工作的机会。但我始终忠于自己的学术见解；我绝不以此而阿人之所好，所以我现在还和儿子合作写了一本《袁枚〈续诗品〉详注》来发挥我的文艺思想。

余先生听到我对袁枚的赞赏，不禁大为诧异，说："咦！想不到你会对这种人发生兴趣！不要取法于下啊！要是我早知道你倾心于这种人，我就不会要你来了！"我说，袁简斋是一个思想很开放、性情很通脱的人。诗文虽风格不高，可是自有其不可及处。特别是诗识之高，千古罕匹。可惜他小时境遇不好，没有多少书可读，以致诗学较浅。只是自桐城诗派兴起，湘乡继之，为之推波助澜，后来发展到同光体，京师一时都以讥袁为风尚。我想余先生以前久居京师，可能受到这种余风所扇的影响，何况余先生平生是最服膺章实斋的，章氏一生诋毁袁氏不遗余力，实纯属意气用事，有时故意偷换概念，加以曲解，强词夺理之处极多，余先生是否有先入为主的成见在胸呢？为此，我特地写了一篇《辨章学诚〈论文辨伪〉》的长文，先送请宋墨庵先生削正，宋先生对我的意见极为赞许，只略改了数字。余先生为了检验我的立论，特地取了《小仓山房诗文集》来仔细地观看，又将我提到的《章氏遗书》中有关文字进行对照研究，最后终于同意了我的看法，并让我为袁枚的著作及有关的其他书籍撰写提要。我写的《袁枚著述提要及其他》本来是要登在馆刊上的，可是其时馆刊已因经费不济而停刊，只好商借在《胜流》杂志发表，另外用浙江省通志馆的名义抽印了数百本。我向余先生谈的若干观点，今除已在四万余字的《袁枚〈续诗品〉详注》的《前言》中陈述外，还在《续诗品》三十二则每则后长短不一的《小识》中加以表述。至于《辨章学诚〈论文辨伪〉》的论文及《提要》的重写补订稿，都已不幸在"十年浩劫"中灰飞一旦了，无法附在其中。回想起来，内心真有说不出的难过。

还有余先生于《浙江通志人物总表及列传例议》《浙江文征例议》的撰写，事先也和我交换过意见。写成草稿后，又先给我看过。使我惊奇的是，这两篇学术大文都是他在两三天内一气呵成的，而且用的是毛笔。余先生自己说一天能很轻松地写上一万字，真可谓下笔如飞，但又能考虑周至，行文清雅，决非我辈之驳杂疏漏所能望其万一的。

正是由于我和余先生的这种无所顾忌的谈论，也正由于余先生的雍容大度和敏而好学的精神，"河海不择细流"，竟至于肯虚心接受一个在当时还没有读过多少书的年轻人的意见，对此我的感受是很深的。余先生屡次和我谈话，总把我当作他的知己来看待，常常使我泪流满面。有一次被同事钟子常君看到，还以为余先生在训斥我哩。余先生作古后，我长时间到处奔波，无聊佗傺，自感"斯人独憔悴"之际，弥增人琴之叹，微吟"半生蹭蹬人垂老，千载孤怀孰与伦"之句，更使人黯然神伤而不能自已。

七

1946 年 11 月 22 日，余先生突然亲自打电话来要我立刻到他家去一次。这是从来不曾有过的，我不知什么事这样急。

余先生等着我，见到我就说："你来了！是这样一件事：这次抗战胜利后浙江省进行的首届县长考试，我是典试官，国文试题是我拟的。我开了他们一个玩笑，所有考生大部分缴白卷，小部分闹了大笑话。你看今天的《浙江日报》，有一篇化名若然的文章对我提出了意见，你写篇文字去为我辩解一下。"

我看了若然的文章，回去立即动笔写好径寄《浙江日报》，那时好像不需要什么关系，也不论什么内容，只要言之有理、持之有故，都会很快发表出来的。11 月 28 日，我的文字就和另一位持相反意见、化名"力员"的文章一道刊登出来了。去年承友人把我的这篇文字抄寄了来，因此我才能正确无讹地记清了年月日。现将我的文字一字不改抄录如下：

训"廉"并兼论这次县长考试的国文试题
——并有正于若然君

刘衍文

在本月二十二日《浙江日报》代论版看见若然君对这次县长考试国文试题：《〈周官计吏六事均以廉为本何故〉之商榷》一文，起初颇觉得有些话似乎说得很对，但是，稍微一体察就觉得有说话的必要了：

起先，若然君把题目推敲一下，以"廉"训作"察"，谓是动词，已非本义，于是，竟把这题目都推翻了。

不错，"廉"是有训作"察"的。按此训始自王介甫，盖以"廉"为"覝"之借字，《说文·见部》云："覝，察视也，读若镰。"固然于义尚属可通，但是，若然君可否明白王介甫所穿凿附会而作的《字说》的笑话？当时他虽以大权在握而使天下学子靡然从之，可是，此又岂足为训？虽然，关于这个解释后来的学人如王昭禹、易祓、王与之、黄以周等俱从此训，但总未免是标新立异吧。

在这里，我们为要使读者明瞭起见，先引《周礼》原文如下：

"听官府之六计，弊群吏之治：一曰廉善，二曰廉能，三曰廉敬，四曰廉正，五曰廉法，六曰廉辨。"

注云："听，平治也；弊，断也。既断以六事，又以廉为本……"孙诒让疏谓："……贾疏云：六计谓善能敬正法辨，六者不同，既以廉为本，又计其功过多少而听断之，……《礼运》云：大臣法，小臣廉。此六计通大小臣，亦以廉为本也。贾疏云：此经六事，皆先言廉后言善能之等，故知将廉为本。廉者，系不滥浊也。"

衍文按："弊"字内，原含有"察"的意义在内。我真不懂若然君不看看《周礼正义》的注，而拾了王介甫的唾余，竟说："如果说'计吏六事均以廉为本'，就不免有些牵强"，倒真使我有点茫然。

或者说，这种试题，出得似乎太生僻一点，仿佛会使我们又违背了时代的潮流，其实也不尽然。虽则这题目是出自《周礼》，但其义甚新，而且也一望而知，这正如今日所常通用的成语"自强不息"之出自《周易》，"多行不义必自毙"之出自《左氏春秋》，"画蛇添足"之出自《战国策》一样。我们看吧，那些会喝酒猜拳的人不是常在"五魁""六廉"的胡闹吗？这"六廉"是什么？读者当可明白。不过自陶渊明而后，读书的人都中了他的"不求甚解"的毒，而这些应试的举子老爷们，大概也许已有一部分醉心于佳肴绿蚁，知彼而不知此吧！

我觉得，有许多的典故，我们不知道也无关紧要的，譬如"六礼"，已不适用于现在，除开专家，根本可以不晓得，但作为一个县长老爷，"六廉"似乎颇有非"知之深，识之透"不足以为民之父母。固然，懂得这些道理的不会一定是好的官吏，但不懂得这些道理的往往会使"学不足以济其才"。"学问为济世之本"，没有明辨确切的认识基础，我相信，也决做不出什么好事来。

如今贪污之风，弥漫全国，这原要怪在整个经济政策和政治措施的不上轨道。区区七品官，要是家庭有负担，怎可以入敷出？计其薪补，尚不如中央一最小的职员，而钻营者、应试者，却是那么那么的多，这个应试的题目，却正是现实的"对症药"。所以我说，余越园先生出这个题目，确乎是感慨系之，对现阶段混水摸鱼的现状来一个极大的讽刺。质之高明，当以为如何？

这篇文字发表后，余先生当时因离开杭州有半月多，没有能够及时看见。我几次去找他都扑空。后来我把这份剪报呈给他看，余先生看后点点头，接着连连说："我正是这个意思，我正是这个意思！"

过了一年，我因患胸痛回家疗养。有一天，路上遇到几个父老，他们既关心又责备我说："我们看余先生对你不错，你为什么要恩将仇报，在报纸上公开攻击他，和他过意不去！"

我听后一时有些摸不着头脑，我说："这话究竟从何说起呢？"于是他们就拿出一份杭州出版的《大同日报》来给我看。逼得我只好在当地报纸的广告栏里刊登了一则启事：

刘衍文启事

查八月四日《大同日报》第三版有《难为了一块石头》通讯一则，述及本县捣毁"去思碑"事，末注"刘衍文七月卅一日于龙游"云，阅之不胜骇异。谅系有人假借本人名义所发表者。除向《大同日报》质询外，为恐外界误会，特此登报郑重声明。

同时又在报上写了一篇《〈启事〉以外》的杂文如下：

大约是由于志趣的转移吧，近年来除了受越园师之嘱托为县长考试试题之纠纷作文辩论外，就一直没有在报纸上写过文字。

不料本县自"去思碑"被捣毁以后，八月四日的《大同日报》却刊载出一篇乙种新闻稿，但并不是站在第三者的报导立场，末后署名曰"刘衍文七月卅一日于龙游"，真料不到斜刺里会跳出一个假黑旋风李鬼来。

往常为文章，我只写过一些杂感散文。之后，差不多全写些文艺理论。再之后，就为着环境与个性关系，只写了些有音乐性的旧诗以自娱，可是却从来没有写过通讯稿。

姑撇开"新闻采访"与"新闻道德"的立场不说，就文论文，也就使笔者受了不少委屈。西洋人说："文如其人。"又说："人如其文。"我国的魏文帝亦尝把它譬诸音乐，以为"曲度虽均，节奏同检，至于引气不齐，巧拙有素，虽在父兄，不能以移子弟"。他所谓气，就是我们现在所谓的风格。然而，那不像我的风格啊！如以此为我文，则无疑已等于拗折了我的性情，歪曲了我的态度，说句古老话，真是"谁识邯郸学步，竟教恶紫夺朱"矣。

也有人说，这篇文章倒还写得好的，殊太有点皮相之论了。固然，每一个小标题，都似乎很新鲜，而倘作整个的评判，未免"气散神荼"，"拆碎下来，不成片段"了。并且，强调了作者的私见作正面的落笔，又有如《礼》之所云："心有所好恶，则不得其正"了。像这种新闻报导，诚如鲁迅先生所云："正启示着别人是不应该这样写。"

这个假李逵，虽不曾现出原身过，但其破绽亦有无意而流露的。如"那天我也正好在城中"一句，查本人一向住在城中，果如所云，其人必常住于乡下无疑。如真系与我同姓名的，中国固然不敢说，龙游谅来总不致于有吧？因为依照我们的习惯，命名都喜欢用吉利的字眼，独我则不然也。

由于这一个触机之故，多年不曾杀伐的我不禁有点技痒，但不知这个假李逵的李鬼，敢出头露面来一较手否？

和我捣鬼的究竟是哪一位，我始终没有弄清楚过。我写给《大同日报》的责问信一连发了好几封，但都如泥牛入海无消息。

八

现在我想来讲几句外行话，那就是余先生书画艺术的成就。

我很喜欢看余先生写字作画，觉得那简直是一种享受。有一次余先生问我："衍文，你会作画吗？对写字有没有兴趣？"

我说："我字画都很喜欢，可是我天生是画不来东西的。在小学读书时，最初是家仁的父亲教我们习画，我画的东西交上后，被唐先生大骂一顿，说我是故意来和他寻开心，从此我就不敢学画了。"

余先生听后大笑说："那么写字呢？"

我回答说："我从小就习字，是从柳公权入手的，大约走错了路，以后虽然改习各种字帖，却始终写不好。兼之我手的神经不正常，把笔不定，就只好不学了。"

余先生问："你还想再学吗？"

我说："我不想学了。学了这么多年一点成效也没有，何况我又不想做书法家，也无论如何做不成书法家，那我何必把时间分散在这方面，我想我还不如集中精力多读一些书吧。且以某些名人来说，如纪河间、龚定庵和近代的刘师培，我看他们写的字还不如我这两下子呢，不是他们照样有杰出贡献吗？"

余先生点点头，可见他是不会强人所不欲为的。但余先生却偶尔也会和我们谈起对一些名人书画的评价来。

余先生最不满意的是当时一位有名的画家，说："他的画全是骗骗外行的，画论也全是一派胡言。所以毫不客气地在著作中批评了他一下。不料此人就对我恨之入骨，到处造谣诽谤我。将来是非自有公论，可我毫不在意他的恶意中伤。"

我说，我对他的画倒也有些好感，觉得他画得颇有气派和胆量。

余先生说："问题正在这里。这些都是装腔作势摆出来的。真正懂行的人都知道，那是打肿了脸充胖子，色厉而内荏，能算什么胆量呢！"

随后我请教了陈锡钧（伯衡）先生，他是极精审的书画鉴赏家。余先生主编《东南日报》的《金石书画》，主要就是由陈先生协助编辑的。陈先生也是法学界的老前辈，而且民国初年浙江成立通志局修志，由著名的同光体诗人沈曾植（子培）先生主修时，陈先生就和沈先生共过事了，资格是最老的。但不知何故，余先生聘请他来只给以分纂的职务，这简直使我有点不大理解。但我不管他地位高低，只看重他的真才实学，所以亦以师礼事之。陈先生说："越老的话是不错的，但这不是三言两语就能说得清的，你没有这火候，自然就认识不到。而这对我们来说，用不着细辨，一眼就看出来了。"

陈先生曾和我论近代和当代的书画，谓以文人画而论，吴昌硕、陈师曾和余先生，可谓三鼎甲。以书而论，也有三鼎甲，不过现在其中一人堕落为汉奸已不足齿，只可以说是双子星吧，那就是吴昌硕和余先生。我问陈先生，还有一位是否指的是郑孝胥呢？我倒以为他只是愚忠，与一般人的认贼作父是有所区别的。陈先生反问我说："你是这么想的吗？"我说是的。又问吴、余两位比较起来如何，陈先生回答说："可谓各有千秋，吴主要得力于碑，余先生则得力于帖。"

我又对陈先生说："凭我的直觉，我最喜欢的是余先生的行草，而他篆、隶似都很平常，大楷好像缺乏笔力，瘦金体也没有多少特色，不知陈先生以为怎样？"

陈先生说："这正同写诗文一样，全才是不可能的。余先生的行草，的确已经超凡入圣，尤以近几年的为最，这决不是一般的功力所可达到的，其中已有他自己的精神面貌在。你这个看法是有见地的。"

陈先生认为要评价余先生的书画，看他自己是否中意，有一个简单的诀窍，那只要从他的落款和署名就可以了然。凡署名为"龙游越园余绍宋"的，定是精心结撰之作；其次则为"龙游余绍宋"或"越园余绍宋"；再次则为"余绍宋"。不过为同乡所作，一般都不冠以籍贯。又有时由于求书画者的身份关系，不好得罪人家，皆径署"余绍宋"。若单署名"绍宋"或单署字

"越园"的，都是不乐意而又不好意思不为人作的字画，不然就是漫不经心之作。如署名"老越"，或作"字付××""画付××"的，等于是他的弃稿，而对方的身份，也可以从语气中窥见一二的。前几年我曾在著名的篆刻家陈巨来及其弟陈左高家，看到余先生的一副对联，署名"龙丘山人余绍宋"，这署名却不经见，但细辨却的确是余先生中年时的作品。

我和陈先生说，关于书画署名的事，我有机会想去问问余先生。陈先生急了，说："你决不要去问他，这是他的秘密。还有，你切不可在他面前提到章行严(士钊)，否则他要大发脾气的。这正如你不能在马一浮先生面前提起沈子培(曾植)，尤其不可说他写的字像沈子培或学沈子培，否则他会和你拼老命的。切记，切记！"

到现在，我想我总可以把陈先生说的这个秘密公开了吧！

我曾经在余先生家里见过一幅他画的山水画，画中有个题记，说这幅画曾经送至莫斯科、维也纳、巴黎、伦敦等地展出，得到极高的评价。后因丧乱遗落，抗战胜利后，北京友人从琉璃厂购得寄来，始得物归原主云云。余先生看到我在看题记，便说："这是我中年之作，现在年老目力不及，就从此不画山水了。"

余先生的书和画一样，看来总有一种独特的秀逸之气，而秀逸之中又兼有刚健婀娜之势。天机骏发，使人爽目清心。我又见过一幅用狭长宣纸画的古松，树干拔地参天，直立上挺，钤杜工部诗"天下几人画古松"闲章，不禁为之惊叹不已。一般画树，总以旁斜逸出，于曲处取姿取胜，这比较容易讨巧。若以挺直取势，弄得不好，便易形态笨拙。但余先生的这幅画，却能于平直中见雄浑、苍劲中见飘逸，实令人百看不厌。遗憾的是余先生未出过书画册，而留存于若干人手中的精品，恐怕大都毁于"十年动乱"。这是祖国文化宝藏的无可挽回的损失，同时也是世界文化宝藏的损失！

九

我的一位忘年交，辛亥革命前辈老人赵舒(明止)先生，在杭州常与我诗酒唱和。谈起余先生，他满有信心地说："我看越老的字画诗文，气韵很足，是清贵和长寿之征。"有一次，读了《寒柯堂诗》，又和我说："长寿，长寿！无疑的，越老一定高寿。"

然而，意想不到的，余先生却在解放不久就因病逝世了。

前几年在上海，曾听到余先生逝世的各种荒谬的传闻。有说他吓死的，有说他是为国民党"尽节"而自杀的，甚至还有人对我保证消息来源绝对可靠，这不禁使我哑然失笑。在杭州解放前后，我和家仁兄等都住在余先生家里，直到他去世。怎么我们的话不可信，反而那些道听途说而不断加油添酱的话倒可征为信史？

其实，余先生根本不是国民党员。有一天，国民党方面派人持文件来要我们集体入党，说凡不参加的人要"撤职"。余先生为此事大为愤慨，说："我们修史的人应该公正无私，决不可党同伐异，也不能私其所党。如果一入党，哪能修得好史！如果要'撤职'，就请先撤我的职好了。"就这样把那些党棍老爷顶了回去。

有一次，黄绍竑突然把一份国民党的"特别党员证"送给余先生。这种"特别党员"大约是一种比较高级的党员身份吧，余先生见了，气得要命，立即把这份证书退了回去，弄得黄绍竑很尴尬。

在浙江面临解放之时，大家公推余先生为"浙江和平促进会"的主任委员。这时余先生已经患病，没开过几次会就住院了。因此主任委员一职，改由吕公望担任。这是见诸当时浙江所有报纸报道的。现在读到《龙游县文化局、文联（筹）就筹备成立'余绍宋研究会'给有关人士的信》中，提到"龙游县法院已于1984年9月为余绍宋先生平反，恢复了名誉，这给余绍宋先生的研究工作创造了条件"云云，才知道余先生死后也曾长期蒙受了不公平的待遇，也许是这样，才使有关死因的许多流言蜚语得以风传。然而，"久屈蠖应伸"，现在正是到了彻底澄清的时候了。

余先生究竟生的什么病？当时的诊断说是全身毛细管出血。我曾见他的双臂到处斑斑点点，接着发展为小便难解，一尿即是一摊血，痛苦之至。这一方面，游樟辉兄应是最清楚的。后拔牙出血过多，只是促使他提早去世罢了。

据通医道的人说，余先生其实患的是血癌。不过当时医学界还没有诊断这种病的水平，即使确诊了也是丝毫没有办法的。

有人猜想，余先生家里，别人送来的食物很多，尤其是金华火腿，几乎好开一个火腿行。但余先生平日生活很节俭，不大肯买新鲜蔬菜吃，反正存货也吃不完，于是餐餐都吃火腿。殊不知火腿中含有大量的亚硝酸盐，是一种极其可怕的致癌物质。过量地进食火腿，几乎等于是在慢性自杀。

可是那时却无人能知其害，总以为火腿是上等的佳肴。我至今也很相信，余先生的只及中寿，乃是与他长期偏食而又多食有害食物分不开的。赵老先生口口声声断言余先生长寿、高寿，实在只是片面地看到余先生所表现出来的某些方面，而不知余先生还有促使其损寿的后天因素。

我现在把这些情况和想法如实地反映出来，或足以解某些人对余先生死因之惑。因为有不少流言，都是对余先生缺乏了解所致，有些时候还对他的品格加以曲解。在撰写纪念文字的时候，不能不加辨正。

我所知道的余先生，还有我和他之间的关系，要写的东西的确还有很多很多。由于工作较忙，身体不好，且因患肩周炎已半年有余，至今犹艰于握笔。但其他各项工作或可暂时搁置，对于余先生的追怀，却是刻不容缓的。故特勉力挥汗略举其要，敬献给余先生的亲戚故旧以及所有关心余先生各项学术、艺术成就的人，特别是我龙游故里的乡亲。后如有暇，定当续补，以志一个门人对老师的无限的感激和怀念。

附　记

我因自幼多病，故好静而不好动，平居惮于外出。到沪工作后，只在1951年冬，奉派赴安徽宿县参加由艾思奇同志为总领导的土地改革，1952年冬，奉命到中央教育部参加汇报会议。再就是反右处理之初，被逼下乡接受监督改造。及至拨乱反正，虽各地会议常有，而我均一概婉谢，其故亦以此。何况经此劫难，亦垂垂老矣。但这次家乡成立"余绍宋研究学会"，我不能不去，不为其他，只为他是我的恩师；我也不好不去，因为研究会的成立，还是在我和唐家仁兄的建议下得到县领导的支持的。筹组期间，曾陆续印发了七期《余绍宋研究通讯》，我一连写了四篇文字，在《衢州市文史资料》又写过一篇，尔后团结出版社出版《余绍宋》一书，又和永翔合写了一篇。余师逝世至今五十多年了，往事尘埋，有的细节难免失真，有的则资料失落，已写成的文字也遍寻无着，今选录三篇，还是恳请余师文孙子安世兄求讨而得的。有一文承其做了批注，我都一一照录，并稍做修订。另有三篇，一篇已经难觅踪影，其余二篇，其内容在少作《雕虫诗话》残稿中都有记述。残稿蒙张寅彭教授收入他主编的《民国诗话丛编》，不日可望出版。为避免重复，我就删除了。

为让世人了解余师,本想作一小传,稍予介绍。然我之所知,毕竟有限,且《余绍宋》一书已收有其老友林志钧先生所作《墓志铭》、子安世兄的《年表》,我也就作罢,让它模糊而又清晰地寄存在我脑海里以作平时追怀之资吧。这里只略说几句开会的情况。

我们一家共去五人,即我们夫妇、长子永翔、四子永吟及其一子。永翔是受聘为特约研究员的。那时车挤,买票为难,因此也曾踌躇多时。后终托人,采取先登车、后补票的办法,方得成行。但此车并非直达龙游,于是又拍电报,请有关方面在衢州站接车,然不知何故,电报竟被耽误,未能来接。车至衢州,已经子夜,又适逢大雨,只得在旅舍略事休息。次日一早,即搭乘长途汽车,车至龙游,再与联系,方始派车来接我们。会议在报到第二天,即 1986 年 11 月 17 日正式召开,20 日上午闭幕。

会议期间,我写了一些诗以记其盛。现照录如下:

余绍宋研究学会正式成立感赋

予忝为先生门弟子,今亦垂垂老矣。四十余年来,叠罹屯剥,几难以为生,致有负先师昔日之期许。际兹盛况,喜愧交并,漫成四绝,不足言诗,谨聊以明志云尔。

剧喜今朝盛会开,小春十月正阳回。

郑虔三绝千秋少,神品何堪尽劫灰!①

恨于诗画忒无知,追悔空余秉烛时。

纵得鲁戈真在手,亦难起舞报先师。

衡文那得胜刘、章,溢誉频加讵敢当!

叹息飘蓬九生死,白头依旧一庄荒!②

幸得而今集众贤,必多才彦着先鞭。

不惟青史光潜德,佳话犹堪万古传。

①先师书画,窃意以暮年所造最为神妙,惜传者悉已散失。今若凭早岁中年所幸存者而论,固不足以窥先生之高也。

②先生以衍文诗文皆不善作，作亦徒费力，而独称评论诗文有只眼，尝以力超刘彦和、章实斋为勉，誉溢其量，所望过高。及今思之，爽然、黯然而叹息者久之。

前诗既成，意犹未尽，复集《寒柯堂诗》句为二绝以志感

何幸犹存自在身！先生去后更何人？
修名未立真惭负，老健徒伤负好春！

犹得追随翰墨场，久居渐与俗相忘。
江山何处非吾土，莫向崦嵫叹夕阳！

参加余绍宋研究学会与父老及少年时代同学约聚于 鸡鸣文物公园举行笔会联欢，感赋四绝

溪流改尽旧时波①，老大还乡感慨多②。
同学少年前日事，相逢双鬓各成皤。

桑梓情深欲报难，屡劳书札促归鞍。
他乡留得乡音好③，来与龙丘父老欢④。

何期墨妙见微名，历历当年鸦荐情⑤。
惭愧师恩终莫报，中宵起坐泪纵横！

倚天一塔自崔嵬，岩木森森碧水回。
少小鸡鸣山下住，者番不是梦中来！

①昔日帆樯林立之观音溪、衢港，今悉已不能通航。
②予三十六载未曾返里。
③予全家寓沪，全讲龙游话。
④龙游，古名龙丘。
⑤于余绍宋陈列室得见香港大成杂志阮毅成先生回忆文字中，有复制推荐本人函札多件。

在研究会召开前后,记者采访不绝,当地电视台也做了专题报道。其间意外地遇到过去在浙江省通志馆担任采访员的遂昌王权老先生,欢叙甚洽,并赠我七律一首:

龙游余绍宋研究学会席上赠副会长刘衍文教授

喜会龙城集众英,自惭下士伍佳宾。

彬彬有礼知诚意,侃侃而谈见性真。

家学渊源来不易,书生意气美无伦。

两贤高雅成诤友①,逆耳忠言是可人②。

①刘公及吴广洋老友。

②承刘公指点拙作失误处。

我立刻次韵奉和了他:

次韵奉和遂昌汤显祖研究学会王馨一(权)副会长

闻名久欲识耆英,何幸龙丘接上宾。

老手斫轮才敏捷,虚怀倾盖意淳真。

诗坛点将应无忝,史席论功足轶伦①。

天下纷纷谈玉茗,如公具眼更何人。

①衍文少年在浙江省通志馆工作时,先生已受馆长余绍宋聘为特约采访。

又得识张令杭先生,我又集定公句三绝为赠:

赠张令杭先生集定公句三绝

余绍宋研究学会席上,令杭先生因前见衍文弱冠时为余公《寒柯堂诗》所作后记,颇表惊慕之意,特专程来下榻处访谈。先生为名书法家沙孟海先生令坦,亦胸罗万卷,为不可多得之才士也。因有所感触而集定公句以报。

暮气颓唐不自知,梦中伤骨醒难支。

百年心事归平淡,文士关门养气时。

万人丛中一握手，高言大句快无加。
照人胆似秦时月，心史纵横自一家。

胸中灵气欲成云，天外惊涛落纸闻。
别有尊前挥涕语，今宵感慨又因君。

我在会上吟诵了所写的诗后，林默涵同志很有兴趣，并问了我一些吟诵节奏的问题，我向他解释了关于抑扬顿挫如何调度的基本原则，他说他们家乡的吟诵调子与我的大致是相近的。原浙江省统战部部长、时为浙江省诗词学会会长的戴盟先生与张令杭先生又一同来访谈诗。这期间还与来参加"华岗研究学会"的山东大学校长吴富恒先生，以及曾任华岗校长秘书的王启新先生交换了一些意见。吴又向我征询对山大一些教授的看法，我直抒己见，深获好评，认为彼此看法是完全一致的。会后我们参观了龙游造纸厂，在造纸行业，据说与山西并列为全国最大的两家，《辞海》用纸，即由此厂供应。忽然间一定要我题字，未曾料到，亦不好推辞，幸得永翔立刻为我代拟了"富充邺架，学佐名山"一联以应。而我又不善作字，遂借子安世兄翰墨代劳。其他琐屑，皆不再赘。因恐读者将问我上文的"后事如何"，遂留此纪实，姑作分解为附。

录自刘衍文著，世纪出版集团、上海书店出版社 2000 年 9 月版《寄庐杂笔》。刘衍文，1920 年出生，浙江龙游人。青年时代参加浙江通志馆工作，后为上海教育学院(已并入华东师范大学)教授，为上海市文史研究馆馆员。著有《文学的艺术》《袁枚〈续诗品〉评注》《文学鉴赏论》《寄庐杂笔》《寄庐茶座》《雕虫诗话》等。

先师越园先生传说的真真假假

刘衍文

旧时的中国,是一个半殖民地半封建的社会,一切意识和意识形态,都自然而然地带上了半殖民地半封建的烙印。然而各个地区、各种环境和各类人物所带烙印的形状和深浅却是不同的,切切不可总而言之、统而言之……

必须首先懂得"存在决定意识"的前提,才能充分理解有关余先生的传说的由来,即使是虚假的、以讹传讹的,也能从中析理出原因来。

史实就是史实,既不应该美化、夸大,也同样不应该丑化或缩小,至于为了某种目的而有所编造,那就更不能允许了。在这里,我只想如实地记下我的所见所闻,即使是听起来荒唐的也不轻易放过,因为从中可以窥见当时的某些社会意识。自然,对于这一切,能辨则辨之,不能则存疑,决不用"想当然"的设想来加以解释,而愿知情者或博雅君子有以教之。这里要郑重声明的是:本人虽非良史,但却雅慕董狐,只能秉笔直书,不敢有所私阿。

一 失实之传

我能直接或间接予以否定的失实之传,除余先生的死因已予辨明外,还有二事可述:一件是余先生辱人,另一件是余先生受辱。此二事的性质和情况虽异,但同为失实则一。现先说辱人之事:

余先生知道我喜欢教书。在 1948 年之际,遇到一个机会,想介绍我到杭州艺专协助钱逸尘教授教中国诗词。不料钱教授接受了新群高中校董会的聘请担任了校长,这样我就到了新群高中,担任文科"中国文学史"的教学。记得当时同事中有一个王池先生,爱写旧诗,同气相投。我们便交换看彼此的诗稿,当他知道我是余先生的弟子后,就和我说:"令师真会开玩笑,挖苦人!"

这话从何说起呢?

他见我愕然不解,就对我说:

"你怎么会不知道呢!浙江的建设厅长伍廷飏,字展空。有一天他收到一副对联,一个堂额题。对联是两句成语:'一筹莫展,四大皆空。'嵌其字。匾额题'耻与为堂',隐其姓。大家都说这是越老的嘲谑。据说伍厅长对此气得要命,恨得要死!"

我思索了一下,觉得这完全是讹传,就说:

"越公决不会做这种事。他是副议长,有什么话不能在参议会上说?有什么顾忌不好在大庭广众中提出批评?何必要这样躲躲闪闪,采取不得志的读书人的做法,有如传说中的徐文长那样呢!何况我和越公相处多时,从没有听他谈起过伍廷飏,倒是对于财政厅长黄祖培,时有不齿之辞;又说过黄的夫人太能干,最会帮凶。"

王先生则认为,有些事情我不一定知道,越老也不一定会和我每事必说。

这话使我很难反驳,但我认定余先生决不会这样做,因为我了解余先生的性格。(余先生文孙子安世兄读后批注云:"这件事也不可能。先祖父敢于直谏是出了名的,何必出此下策。"子安世兄任浙江图书馆古籍部主任,可谓能干祖之蛊了。)

于是找到一个机会,我把上述的情况向余先生讲了,果不出所料,余先生听后很气愤地说:

"这真太不像话了!我吃了饭没事干了,才会想出这个办法来!这又有什么用呢!何必多此一举呢!要指责伍廷飏,直截了当地当着他的面、当着众人的面好了,岂不痛痛快快!难道我还怕得罪他吗!"

次说受辱的事。

前几年《人物》杂志上有一篇《记画家王梦白》的文章,其文我未寓目,但曾听人说过一个大概,其中记有王在余先生庆寿时当众折辱他的事。此事的真伪我不清楚。其时先外舅尚健在,遂告以此事,外舅和余、王二先生

皆相识,闻之哑然失笑,说:

"王梦白先生是个极有才华的画师,可是少年蹭蹬,后来在衢州一个同乡兼远亲开的店里做食客,生活很清苦。不久,和余先生相识,正是由于余先生的推荐和揄扬,王先生才得脱出寄食生涯。王先生之于余先生感激之尚不暇,纵有那么一点名士习气,何至于恩将仇报、翻手为云如此!这真叫作'俗语不实,流为丹青'了!"

对于文中提到的王梦白先生论猪不入画这件事,外舅说:

"关于猪的不入画,余先生曾屡次和我们谈过。余先生认为只有乾隆为了自夸德政,才写下了'夕阳芳草见肥猪'之句,以显示在他统治下民殷物阜的太平景象,并叫一些会画的臣子作画。王先生的画虽有他自己的特色,可是论学问却和余先生相差很远。"

按猪的不入画,新近出的钱锺书先生的《谈艺录》(补订本)第三一页及第三五九至三六〇页,曾引及《浪语集》《戴简恪公遗集》《柯家山馆遗诗》诸书,以驳张潮《幽梦影》、钱泳《履园丛话》之说,特别认为《柯家山馆遗诗》卷四题《画猪》之事,谓"猪不特见诸绘事,抑且意气笼罩全幅矣"。但却没有提到乾隆的这则故事。这里顺便一提,或可拾遗补阙吧。

外舅曾说,王梦白先生早年流寓衢州,为衢属地区特别是衢州城里的商人作画颇多,但不知遗墨尚存于这些人的后裔中否?因辨此事,附笔及之,以使重视名人画迹者搜访。(子安世兄读后批注云:"这是端木蕻良虚构出来的故事,我怀疑是王梦白当时在他的学生王羽仪面前吹牛,王羽仪讲给端木听,端木就虚构了一个骂人的故事。说此事发生在1941年曾大母八十寿辰时,其实八十岁并没有做大寿,1941年王梦白早已去世。又说事情发生在衢州,而端木文章开始就说:王无钱回衢,请余代为扫墓,后来余回北京,忘了此事,王就在余母做寿时当众辱骂。端木文章前后矛盾,当时我即去信《人物》指出失实。端木驳辩,不肯认错,打了一年多的笔墨官司,才在《人物》上发了我的一篇短文,予以纠正。但好事不出门,恶事传千里。许多无聊文人,到处转载。所以我在新出的《余绍宋年表》后记中已加以说明。"又注云:"其实王梦白骂人,北京当时许多人都知道,这是一种泼妇式的骂人,是心里不平衡的发泄。他的学生王雪涛先生在《王梦白画册》跋中就说:王善骂座,同事皆避而恶之……")

二　无稽之谈

比失实之传更进一层的是不少无稽之谈。这些无稽之谈,本可略而不书,不过正可从此见出当时某些阶层的社会意识,作为忠实的记录,何尝不可当作《聊斋志异》和《阅微草堂笔记》来读呢?现在且让我姑妄言之,读者姑妄听之可耳!

余先生个子很高、长方脸,看上去人稍见清瘦。其实并不然,相对说来,由于人太高了,所以给人有一种瘦长的感觉。我不知道余先生究竟有多高,我这个一米六十八的人站在他面前只挨在他肩下。

正因为个子特别高,所以看相的人都说他"南人北相"。据家姑丈和家父说:其时有一个极有钱和极有名的叫作杨柳庄的相士,曾相余先生为鹤形,因鹤有仙气,所以余先生能清贵而不能富贵。又因鹤与鹿皆为仙人、山人和隐士之伴,所以纵使清贵亦只能忝居副职。这些胡调颇引起若干人的兴趣,因余先生行路或站立时,常常会无意识把头一低一缩然后伸长一仰,酷似鹤的动作。不过我后来曾经见到好些个子特别瘦长的人,也有这种不自觉的动作出现,这就说明这种动作特性非余先生所独有了。至于说余先生之只能担任副职云云,恐怕也是倒果为因的"事后诸葛亮"式的推断,因余先生在北洋军阀时代担任过司法次长,其时又任浙江省临时参议会的副议长。据说临时议长和副议长谁属的问题,是要蒋介石亲自圈定的。最早的议长是徐青甫,是蒋的亲信。不久徐即另有任用,改圈陈屺怀担任,陈屺怀是陈布雷的哥哥,很有学问,听说私德也很不错。不久陈因病逝世,大家总以为这一次总该由余先生顶职了吧? 不料却又圈了朱献文,然而这些议长大都没有精力来主持会议,所以各届会议全都由余先生来掌握。复员(由战时状态转入平时状态谓之"复员",与今指军人退伍不同)到杭州后,参议会正式举行选举,钩心斗角,弄得乌烟瘴气,余先生没有后台,又不屑张罗活动,这样自然就连副职都做不成了。不过在这时,旧政权已经摇摇欲坠了。

由此可见所谓做正职做副职的话,原来完全是人为的因素,而决不是由天生的相貌决定的。再说浙江省通志馆馆长一职,何尝是副职呢,则其说自可不攻自破了。这里不妨附带一说杨柳庄的发迹情况:杨尝告诉家姑丈等,很早时他们有三人联手在北京挂牌,住最阔绰的旅社,过极豪华的生活，把相金定得极高，外面多设耳目。有一次袁克定来看相，他们故意不看，要约他另定时间密谈。来后立即把门关紧，三人一齐下跪，求他援手，说他将来是个"九五之尊"的真命天子，袁克定其时想做太子想得发昏，听他们这一说，以为天从人愿，不禁狂喜，立刻签署了两万元的支票给他们。他们三人马上兑出南逃。传说此事不久即被袁世凯知道，立刻大发雷霆，下令通缉，说："我的儿子在北京谁人不知，哪个不晓？要他们来胡说做什么！"

作为一代枭雄的袁世凯，的确要比他的儿子聪明得多。从这一则小小的骗局掌故里，也可知道相术之不足凭、杨柳庄相余先生之纯属胡诌。至今倘若尚有以讹传讹的，得我此记，当可猛省吧！

由看相不妨说到算命。

在云和大坪的时候，一天有一个算命瞎子经过。余先生一时兴起，请这个瞎子来算算看。我们好几个人都抱着极大的好奇心去听他算。凑巧得很，这个瞎子竟是个龙游人。他讲来讲去，究竟说了一些什么话，已经记不清楚了。不过我们总觉得他算得很不对劲，不时启发他，反反复复地问他："你看这个命会做官吗？""这个命能做多大的官呀？""这个命难道连一个小官都做不成吗？""这个命为什么做不成官呢？""这个命现在是不是官呢？"如此等等。可是这个瞎子怎么也不懂得我们的暗示，只一味斩钉截铁地说："不是个官命！""不会做官！""做不来官！"

直到最后，布算已告结束，我们才笑着问他："你知道这个命是谁的吗？"他说不知道。我们又说："这是我们同乡龙游人的命呀！你知道是谁吗？"瞎子又说："不知道！龙游人这么多，我怎能统统知道啊！"这时我们才告诉他："这是龙游余先生的命呀！你怎么会说不会做官呢！"

"啊！"瞎子也吃惊地站起来了，显得非常尴尬。

对于这次算命，余先生哈哈大笑说："只有一点是说对了，说我是带破相长大的，我的脸上小时跌破，有一个小疤哩！"

所谓一点说对，无非说这一点是碰巧说着，可是其他就完全是瞎子的"瞎话三千"了。后来不知为了什么事，这个瞎子与人发生一些纠纷，还来要求余先生给予帮助。

比"瞎话三千"还要荒诞无稽的是鬼怪之事。

我们在云和大坪，借作浙江省通志馆办公用的是梅尚书的故宅。这就是余先生《寒柯堂诗》卷四所说的白龙山麓的"败宅"。宅虽已败,却颇见出结构的匠心和气魄的宏伟。其宅随山地的蜿蜒曲折取势,但靠山脊的大部分园地都已烧毁,当地人说是被"天火"所烧,想来当系雷击所致。我们住宿的楼房,靠东边墙已有小半倒塌,可梁柱还是够结实的。办公则在外面隔了一个大天井的门房里。宿舍楼下也有房间,厅堂作饭厅之用。这楼屋的西厢,有几间稍微像样的房子,有两个门可通,那就是余先生起居和工作之处。在这些房屋的前间有前厅后楼;在我们的后间,毗邻也有一些残存的房子,那全是梅尚书的后裔所住。整个大坪村,似乎就只有梅氏这一支由同祖繁衍下来的人了。但似乎全已式微,眼前他们的生活十分贫困。我们住的破楼有一顶积满灰尘但样子很别致的小轿,据说一个衣衫褴褛、伛偻龙钟的老妇人年轻时还经常乘此轿进城看戏出过风头。曾几何时,就一败涂地如此!

真是所谓"时衰鬼弄人"的缘故吧,相传这房子自被"天火"烧后就时有变怪发生。说什么一到傍晚,就人"鬼"杂居了;破楼上还有什么"猢狲精",常常会把人捆绑起来,所以都不敢上楼去。但虽说人鬼杂居,却能相安无事,已经习以为常,全无所谓了。

这些话,要是出于一个隐士之口,我是会把它看成出于愤激而托之寓言的。像归庄门联"一身寄安乐之窝,妻太聪明夫太怪;四境接幽冥之宅,人何寥落鬼何多",即是一例。无奈这些尚书后人,不论是男是女,大多是文盲和科盲,似乎还没有编造这种寓言的"智巧"。

他们都说:"你们刚来住时,我们真为你们捏一把汗,唯恐会出什么事。但等你们住下了,却又什么都没发生。"

不过他们又说:"今年端午的傍晚,看见有两三个鬼进来。一个鬼说:'馆长在这里,我们走吧!'于是就都回转去了,可见馆长是天上的星宿,鬼见到他是怕的。"

假如这些话出自余先生后人之口,我一定会怀疑这是因祖宗崇拜使然,然而却是出于他人之口。在我仍然表示不相信时,就有四个人一齐来做证,声称这都是他们亲眼目睹的,并说:"我们骗你们做什么呢!对我们可有什么好处!"

离开云和大坪复员到杭州时,余先生在梅尚书后代中认领了一个螟蛉女,先为她取名"还乡",我说这名字太俗、太不好听,随即改名"秋云",

那时大约是十来岁吧，现在算来该有五十出头了，不知后来下落如何？这小女孩的母亲，也是"鬼话"的证人之一哩。

我弄不清这些"鬼话"究竟是怎么回事，真可说是所谓"活见鬼"了吧！不过现在想来，这些在当时社会最下层的可怜悯的一群，仰望余先生，是的确会把他当作天神下凡看待而深信不疑的。这当是封建社会长期停滞不前、道教的末流渗透到民间所致。

这件事我没有向余先生转述过。偶尔和余先生谈《聊斋志异》和《阅微草堂笔记》时，余先生顺便说起："蒲留仙著书的所谓'聊斋'，我去参观过。听当地人士说，这里本来很清静，自从《聊斋》一出，每到傍晚，就阴风惨惨，狐鬼成群了。"说完后先生哈哈一笑，"这真叫作妖由人兴！"

"妖由人兴"的话，出自《左传》。余先生显然是不相信淄州土人的这些胡诌的。也许那里土人的介绍，和云和大坪的说法，原是异地同心的，因为都是在同样的社会结构生活着的人们啊！

所以当我听到余先生的话以后，就补充说："是否还应该加上一句释氏的立论，叫作'境由心造'呢？"

余先生点点头，又说："阅微草堂的堂额，还有纪河间的部分遗稿，都由我收藏着哩。我曾把它们从北京带到杭州寒柯堂来，不知现在又落到谁的手中去了！"言下颇有些感慨系之。

三 执礼之笃

与王梦白先生面辱余先生于寿诞之日的谣传相反，故老传为美谈的，却是奶妈前来祝寿的一段趣闻。

相传余先生的奶妈知道余先生举行寿庆典礼，特地从乡下进城前来祝寿。可是没有什么名贵的东西好送，只好提了一篮鸡蛋来。有人说奶妈很穷，这篮鸡蛋还是借来的哩！殊不知奶妈一副乡下人打扮，看门人"只重衣裳不重人"，拦住不让进去，由此发生了争执。余先生知道了，竟亲自到门口来迎接，扶她同行，又让她坐在首席，亲自为她敬酒致谢。一时与席者皆啧啧称羡，使奶妈感到了莫大的荣幸。

余先生亲自到门口迎接客人的事，可以说是绝无仅有的。据我所知，余先生素来抱定的宗旨是"客来不接，客去必送"的。对于哺育自己长大的乳母当然是个例外。

　　一般的来客，或是比较相知相熟的人，余先生对待他们都较为随便；对下属随从，有时还喜欢讲一点俗不伤雅的风趣话。但如果碰到某些有身份的大人物来访，似乎就不同了。

　　这种情况，我个人碰到过两次：一次在云和大坪，一次在杭州菩提寺路寒柯堂。在大坪是省主席黄绍竑来，在杭州是省主席沈鸿烈来。两次都恰巧在余先生和我谈话时，在杭州时在座的还有余重耀（铁珊）先生。门人通报后，余先生谈笑风生的态度立刻就转为严肃，说了一声：

　　"好！你请！"

　　在云和那次，是立刻在躺榻上躺下；在杭州的一次，则是向沙发上一躺。

　　这时我们都退到后间去，但对前间的情况，却是看得一清二楚的。

　　当贵客一踏进房门，余先生立即很迅速地一跃而起，上前握手。贵客走时，则送至大门口握手道别。

　　从这种态度可以看出，余先生是个不善应酬的人，有着无可奈何不得不去应酬的苦衷。

　　关于奶妈的事，有一次我曾问过余先生，余先生没有否认，但也没有多谈，只是说：

　　"还有更大的事呢！难道你没有听说？"

　　我惊问是什么。

　　余先生说："曾经有一大群人来叩头谢恩，门口都跪满了。因为我使他们减免了许多苛捐杂税。"

　　这时余先生的如夫人插嘴说："你没有看到呢，感恩、哭泣、欢呼的场面真动人啦，大家都'青天''青天'地在喊呢！"

　　余先生忽然制止说："好了，好了！过去的事就不要再去谈了。现在再来搞戏台下的喝彩总觉得不好意思。"

　　我不知这事的颠末和详情究竟如何？衢州市的父老，不知尚有知道没有？如能调查一下，对研究余先生的行藏出处，当是很有帮助的。

　　又据张天放先生见告，他曾随余先生回衢州省亲，可觉得不好受哩。

　　张先生说："余先生一到家，就扶母亲上座，行四跪四拜大礼，我们这些随余先生去的人，只好一齐跟着跪拜。然后余先生又和他夫人对拜，说：'我们老夫老妻多年不见了，辛苦了，辛苦了！'余先生的如夫人则对余夫人行个'万福',叫声'姐姐好!'我们则又得下拜。"

张先生是当作一种笑料来谈的,而且配合动作,描绘得有声有色。其间的真实性和可靠性究竟有多少,我可没有什么把握,好在余先生的哲嗣意陶先生尚健在,可以核实的。(子安世兄读后批注云:"先大父每次省亲是行跪拜礼的,但随员从不行此礼,张说不实。")

四 三个干女儿

前面说过,余先生离开云和大坪复员到杭州,曾经认领了一个干女儿。其实龙游人都知道余先生早在中年,在北京做官时就认领过两个干女儿了。

这两个干女儿,原来都是满族王公大人之女。要是清政府不被推翻,也许她们都是郡主身份呢。

一个干女儿,取名海燕,嫁给方毓麒先生。方字书麟,业中医,医道相当不错,且擅交际,能文章,曾在通志馆工作过。我尝赠以二绝云:"不识芳名《诗》枉攻,生来原未入幽丛。承蒙指认还相告,花愈天香色愈红。""平生曾学维摩法,只是红缸系所思。解得禅宗棒喝语,分明此意是吾师。"书麟先生甚喜。可惜他自幼染上肺结核,大约比余先生还要逝世得早吧? 前几年偶然听人说海燕已经和她生身父母一系的亲属接上了关系。如能找到海燕,她一定能知道余先生早年和中年在北京和杭州时的各种情况的。

另一个干女儿,取名香莲,嫁给祝鸿逵先生。祝字子孚,是一个地地道道的读书人,曾经在龙游溪口小学教过内子的书,又做过龙游县立图书馆的馆长、龙游县中的教师。1944 年 10 月,我和他,还有华茂春,一同从龙游出发到云和去。先是我到了"官村祝"祝先生家,因而得以拜见香莲夫人。随后我们一道到沐尘,在祝先生的亲戚家住了一晚,再会同华茂春一起上路。一路上论诗谈艺,颇不寂寞。不料到了大坪不久,祝先生就得到香莲自杀的急电,立刻赶回。原来香莲精神失常,竟用剪刀戳喉,虽经急救幸免于死,可是精神失常却不能愈了。复员后,祝先生带了她和一大群孩子到了杭州,租赁初阳台下的庙屋居住。听祝先生说,香莲夫人经常踏上初阳台,独自一人琅琅地背诵《昭明文选》。

这种情况,不禁使我想起梁绍壬《两般秋雨庵随笔》卷一中所记《姚古芬》的故事。姚妻是个才女,结缡不久就发疯,"朦昧之中,犹日诵《文选》

《离骚》不去口"。这两件事情,前后何其相似乃尔,简直像是历史的重演。不同的只是姚古芬也不幸早死,祝子孚享寿较长,然而都同属怀才不遇知识分子的悲剧性类型。

据说,余先生是看中了祝先生的人品和才学方将干女儿许配给他的。他觉得祝先生的诗做得很好。至于香莲夫人,光就能背诵《昭明文选》这一点,就很令人惊叹了。在宋初,就有"文选烂,秀才半"的谚语,随着社会的变化和文化的推移,试问现在究竟有多少大学古典文学的教师能完全理解《文选》呢!偶然听人说起,解放后,祝子孚先生一直以务农为生,前几年才去世,那么祝先生当是一个极"左"思潮的牺牲品了。想到祖国的四化建设,想到年轻一代学人的中继维艰,祝先生后半生的如此埋没至于老死,不禁使我叹息复叹息,惋惜再惋惜。旧事已矣,夫复何言!但愿对于当今的人才,能够给予一些珍惜就好了。(子安世兄读后批注云:"海燕,河北易县梁格庄人,从小被拐骗,卖给梁鼎芬家为婢女。梁去世后,先大父赎归。我们小时均称她为姑母。1988 年去世,子女多在龙游及杭州。"又云:"香莲女嫁给海燕长子方国兴。国兴曾是右派,平反后在龙游任教委、成教委主任。"又云:"海燕及香莲,日记中曾有记载,唯'还乡'或'秋云'我未曾听说。"窃以为倘先生日记在晚年不曾中断,必有所记载也。日记将由北京中华书局出版,亦子安世兄所整理者。)

五　两个童子

在云和大坪采辑浙江通志资料时,记不清什么报上看到《余绍宋书僮访问记》一篇短文,介绍余先生的一个书僮,能书能画又能文,且善于磨墨,全文内容现已失记。只依稀记得,记者问他为什么你现在尚不去自谋出路,依然要做一个书僮呢?书僮回答得很妙,他说:看余先生作画写字是一种享受,而且可以获得个中三昧。一般的书法家和画家都是不肯让人看执笔姿势和用笔奥秘的,乃所谓"鸳鸯绣出从教看,不把金针度与人"者,更何况是余先生这么一个高超的画家和书法家呢!得此良机,实非易事。这书僮认为自己的字和画都还不够成熟,再多看几年,所悟必然会更多。

这人究竟是谁呢?何以我从来不曾听到过。抱着好奇心去问余先生。余先生说,是有这么一个人,也有这么一件事的。这人可聪明啦。我问:"那么他现在到哪里去了呢?"余先生叹口气说:"可惜在我离开杭州前,他就不幸短命死了。"

记得余先生当时还曾告诉我他的字号，但现在可惜连他的姓名也忘却了。

书僮之外还有一个报童，是衢州人。不知碰上怎样的机缘，在杭州卖报时遇上余先生，就此一直得到余先生的培养。这人能力较强，善于结交。几乎差一点就要活动到龙游来做县长哩，只是由于李立民随黄绍竑的去职而落空。

然而他却是个"不学有术"的人。唯其有术而不学，其术往往有时就会弄巧成拙，甚至闹出大笑话来。

当我们随同余先生复员来到杭州时，杭州市的满街满巷，贴出了红红绿绿的许多标语。标语的内容是：

"热烈欢迎余副议长！热烈欢迎余馆长！"

"余副议长是浙江人民的大救星！"

还有一些标语，内容已记不清了。但好笑的是，标语左下方竟明写着"浙江省参议会、浙江省通志馆宣"的下款。这全出于他的策划。

我本来不大注意这些事，是当时的秘书兼采辑课长谢邦藩告诉我的："你看，这胡闹成什么样子！"

我核实了此事，就向余先生反映了。后来据说余先生大怒，把他叫来狠狠训斥了一顿，可见余先生是反对别人对他肉麻吹捧的。

他知道是我反映的，但也怀疑到谢，就跑到当时的临时馆址文庙来。正好谢一个人在那里，就对着谢拍案大骂，口口声声扬言要和我算账，但却指桑骂槐，处处影射着谢。谢没有发作，等我回来后向我诉说。我说："好，让他来吧！"

但等到第二天他才露面，我已准备应战了，可是他看见了我却又一声不响。只是有一次闲谈时他才顺便对我说："你不要刁难我，不要对我过不去，我是不会捉弄你的。请你以后也不要受人利用好不好？"

我说："谁也不能利用我，我也不会随便让人利用，对你也没有什么过得去过不去的问题，凡事讲个理嘛！"

六　师承志趣

在上海，知道余先生的人并不多。相识者只有经济学家高方(岳生)先生,因爱好书画艺术而知之;还有博物馆的文物鉴别专家沈宗威(柯霜)先生。知者寥寥,使我很感怅惘。

几年前的一天,吴广洋兄领我和潘雨廷先生同去访见吕贞白先生。吕老是著名的目录版本学家,又是以旧诗词创作蜚声海上的高手。广洋兄还说他深明《易》理,因大家有此同好,特介绍我们去和他叙谈。

初次与吕老接触,谈得就很畅快。言次,吕老突然感慨万千,说国学就要绝种了,现在招收的研究生都没有根基,这如何学得好! 眼前只知道有一位以前师从过余先生的学生很是要得。当时我就大为诧异! 怎么上海居然会有一位余先生的学生考取了研究生? 遂连忙问吕老:

"这位学生是谁? 在什么地方?"

吕老说现在正跟随徐震堮声越先生学习,于是我知道这是吕老弄错了。我说:

"那是我的长子永翔呀! 怎么会是余先生的学生呢! 余先生是在 1949年归道山的,那时我的儿子只有二岁,如何能师从余先生,我才是余先生的弟子哩!"

吕老不禁失声而笑,连声说:"误会,误会!"

后来张家璩绍介永翔去拜见吕老时,特别得到吕老的青睐,可能即肇基于此。徐公后来常请客吃饭,总要请吕老和我们父子,及广洋兄父子。广洋兄是徐公及夏承焘先生的得意门生,又很尊重吕老。徐公抗战时期在浙江龙泉浙江大学分校执教,和画家孙多慈的父亲孙养癯等经常诗酒倡和,孙又是余先生的诗友,故能知余先生的声誉,以是我们能常在一起叙谈。吕老与我还有共同的爱好,曾对广洋兄说要和我较量较量,后来竟说是"我俩旗鼓相当"。吕老好骂人,人多惮之。似乎我们父子尚未被其骂过,说起余先生也相当尊敬。最奇怪的是,我所钦佩的《易》学大师潘雨廷先生,吕老竟看不上眼,屡屡斥之为"通天教主""野狐外道"。后来潘似也有所闻,就不再与之见面了。此自是后话。

不过从此我终于知道,沪渎终究还有徐震堮先生和吕贞白先生都知道余先生、尊重余先生,这就使我得到一些宽慰了。

也是几年前的一天,永翔忽来对我说:"我们华东师范大学填表,要填师承关系,看到周子美教授的师承关系栏内填的是余绍宋。"

我连忙问:"你问过周先生吗?"

永翔说:"问过。周教授说他是余先生担任法政专门学校校长时的学生。"

周子美教授是国内少有的目录学专家,今年已有九十高龄了。他曾主刘翰怡的嘉业堂八年,很年轻时就在圣约翰大学执教了,怎么会是余先生的学生呢?

这引起我的极大兴趣,很想找机会和周教授一叙。

虽然我们都同在上海工作,可是要见面也十分不易,交通的阻塞,相距的遥远,工作的繁忙,这些都是往来的障碍。所以我纵有这个愿望,一时却也难于实现。

今年(1985年)暑假,居然有一个机会让我们见面了。

华东师大古籍研究所程俊英教授和林艾园教授的三个硕士生要举行评审和答辩,聘请我做评审委员会的委员和答辩委员会的主任。周教授也是受聘的委员之一。周教授耳已重听,但很健谈。他说,余先生对所有的同学都很爱护和关注。在他们毕业时,每人都送了一幅亲笔画的扇面。

我连忙问:"余先生画的扇面还保存着吗?"

周教授说:"不必说了。十年浩劫,哪个知识分子能幸免呢!……"

于是我搜集余先生遗墨的希望又落空了!

林艾园教授因徐震堮等教授之故,又经常与永翔接触交谈,遂谬采虚声,敦聘了我。程俊英教授是最喜欢蒋见元和永翔的,又听永翔说我曾在中国新专混过学历,她的丈夫张耀翔教授曾教过我的心理学,就说她也在那里教过课。承蒙她错爱,有记者来采访,她就口口声声说我是她最早的得意门生,所以这次答辩也就敦聘了我。有一次她忽然问我:

"我知道刘永翔是你教出来的,你又是跟谁学的呀?"

我说:"余绍宋先生。程老师可能不知其人,周子美教授却是知晓的。"等我一说,程教授立刻就接下去:"这我知道,这我知道,余公是先父东渡留学时的同学,回国后还一起殿试,同获钦赐举人呢!"

按程教授之父程树德(1877—1944年),字邵庭,他写的《九朝历考》《论语集释》,都是皇皇巨著。程先生女儿曾住钱锺书先生居室楼上,说起其外祖,钱先生也深表由衷的钦仰。《论语集释》原有补订稿,可惜后来新版时,以印刷不便而未能重排,这也真是一件憾事。

程树德自是一个极为难得的千古传人,但我却不知道他还是余先生的同学,更难得他的女儿程俊英教授,也居然还不曾忘记其尊大人有余先生这么一个在日本读书时的同学。在"寥落吾徒可奈何"之际,又不禁顿生"逃空虚者,闻人足音,跫然而喜"之感。

　　录自刘衍文著,世纪出版集团、上海书店出版社 2000 年 1 月版《寄庐杂笔》。

风物澄明新雨后

——追怀余越园先生

唐家仁

国内著名书画家不少,而方志学家不多;能丹青翰墨的不少,而诗书画三绝兼备的不多。越园先生既工诗书画,又对方志的研究和实践成就卓著,20—40 年代名噪一时,实属罕见。

20 年代,余先生在北京段祺瑞执政府任司法部次长期间,秉公办事,刚正不阿,因对金佛郎案主持正义,不满当局的媚外和镇压爱国学生,愤而辞职,为世人所崇敬。他不只是著名的学者、书画家,更是一位能以国家、人民利益为重的爱国主义者。

先生谢世已 37 年(按,本文写于 1986 年)了。在他晚年的岁月里,从抗日战争到全国解放前,我因工作关系,有幸追随左右,受益不浅。

我第一次见到余先生是在 1940 年初秋。当时他已从杭州移居龙游南乡沐尘。一次,他游览城北的小南海竹林寺,有家父、吴南章、包鹤年等先辈作陪,把我也带去了。在禅寺客厅里,父亲向他介绍我,我趋前鞠躬,余先生慈祥地笑称:"唐世兄,唐世兄!"父亲连说:"不敢当,不敢当!"对此称呼,当时我也不解,以后才知是一种对世交晚辈的尊称,这也可见他的重礼和谦逊了。多半天的接触,他留给我的印象是:威严、爽朗,常于谈笑中带有一种智慧和风趣。

余先生每到一处,除了畅谈、游览,总要作画遣兴。文房四宝随身带,兴来即席挥毫。这天也不例外,除自己画竹写字,还与同去的画友一起合作,尽兴而归。离开寺门时,和尚击钟一二十响,以示对贵客的欢送。

在这之前,我知道余先生并见到他的绘画是在做小学生的时候。有一天,住在小北门的余家阿妈(家乡称祖母为阿妈)带口信来,要父亲去看画,我跟着去了,我家住黄浦殿前,去余家极近,经过井边往北就到。记得那天寿松叔在家(寿绵叔似未见),当即取出一幅立轴,展开一看,画的是墨松。松枝挺秀,卓然不凡,是余先生特意为余家阿妈60寿辰而画的,父亲握着画轴,爱不释手,观赏良久,说画得真好。

1943年以后,我在龙游、云和、杭州常看余先生画松,从松姿中仿佛窥见到他的身影。画幅上有时下钤"天下几人画古松"的朱文长方闲章,此印出自韩登安之手,它丰富了画面的立意。在旧社会的世态人情中,先生寄情古松,何尝不蕴含着对世俗的贬弃。

画松之外,先生画得最多的是梅竹、柏树,兰花也间或为之。

我国的文人画家中,擅长画梅的很多,浙江著名画家之画梅的就有王元章、陈宪章、杭世骏、金冬心等,而且历代都有高手。余先生画梅,于刚劲中见妩媚,疏淡中见精神,自成一家,独具一格。至于画竹,求者最多,先生笔下生竹何止千万竿,风霜雨露,老竿新篁,各尽其态。在他避居沐尘巫氏邻竹斋的日子里,幽篁修竹,触目皆是。风晨月夜,静观默察,写来尤多新意。每画竹,似不假思索,实胸中成竹太多,信手挥来,枝叶披离,飘逸有致,在近代国画家中,画竹有此成就的,确实少有。

在我任职浙江省通志馆期间,看他画竹最多,有时也帮助拉纸,枝枝叶叶,笔情墨趣,纸上神韵,有妙不可言的。有时先生一画数日,积存一二十幅,然后一起盖印。因为我看得较多,对如何用印也略知一二,先生便让我逐幅盖印,有时也提醒用什么章为好。印章在我国传统绘画艺术中,是整体画面的一个有机组成部分。印章的大小,位置的上下,以及朱白文的配置,闲章在画面中所起的定势作用,都大有讲究。先生平常用得最多的是白文"余绍宋""越园""绍宋印信""余绍宋印",朱文"寒柯堂",朱白文相间的"余越园",有时也用朱文"癸未生""老越"等。在云和大坪常加整白文"白龙山庄",因为大坪村后就是白龙山。印章就我记得的多半是名家王福庵、武钟临、韩登安诸先生所刻。印章边款,笔意之简朴,字形之凝练,也十分精美。

我小时,也曾刻印玩。在云和、杭州偶尔动刀,仍然是好玩罢了。事为余先生所知,便常把拓印或印谱送我学习观赏。在大坪时,送我白文"柳浪"拓印兼及边款一纸，印文篆法柔美，朱白相称，为清朝郭频伽刻。这印过去在他主编的《金石书画》上见过，但没有拓印的这样清晰。他在拓印纸上写着"此陈君伯衡自海上拓以寄赠者，今以转贻家仁世兄藏之"，并钤以白文"绍宋印信"。

韩登安曾拓有为数不多的印谱分赠好友，封面有余先生的题签"登安印稿初集"，先生把他的一册转赠给我，在封面上写着"家仁世兄喜刻印，以此贻之，越园"，下钤白文"余绍宋"。又有一次，在他的书案上见到一张宣纸拓印，上有印章数十方，问是谁刻的，说是郑仁山。郑仁山是吾浙著名指画家，丹青之余，兼治金石，我拿过看了觉得布局刀法似有不足，先生称是。便把它给了我，并在拓印的宣纸空白处写着："此江山郑仁山所刻印，殊鲜古意，姑贻家仁世兄参考，越园记。"见微知著，从这几件小事都可以看出他对后辈在艺事上的关怀和帮助。后来我兴趣转移，就很少学刻印了，当时于电影、新诗之外，一直酷爱书画，自受教余先生后，对书画有了新的更为浓厚的兴趣。

余先生的书法，篆隶真行草都写得十分精妙，而行草尤佳。写来得心应手，左右逢源，涉笔成趣，已进入一种出神入化的境界。书法功力之深不难从楷书中看出，先生的楷书一笔不苟，结构严谨而笔意的纵横、低昂、顺逆别具韵味。早年从山阴二王父子入手，兼融各家之长而自成一体，在我看来，赵孟頫的字对先生早年的书法也不无影响，这可从赵的《道德经》《胆巴碑》《寿春堂记》窥见一二。

我常视为乐事的是给余先生的信札留底。受信人有陈叔通、竺可桢、罗家伦、朱献文、余重耀、刘祝群、邵裴子、凌励深、孙鏖才、黄宾虹、童第周、茅以升、马叙伦、梅兰芳先生等。也有写给省府要员的，如黄绍竑、李立民、阮毅成、许绍棣、贺扬灵，还有《东南日报》的胡健中、刘湘女等等。每信几十字到一百来字，言简意赅，行草俊秀，妙不可言。抄信是我很好的临摹学习机会，时间久了，笔意也就有些相似。有一次，要用他的名义发出许多铅印信，他因为忙，便让我代为签名。此事只偶一为之，因为行家是不难看出的。

余先生的山水画初师四王，以后经过融会、变通和发展而自成一家。一幅《龙丘山图》，幽深峥嵘，当可窥见功力。在沐尘邻竹斋楼上，在我帮助整理图书字画时，曾见有长卷《罗浮山图》，山势迤逦，起伏有致，而笔墨简淡，当是他早年游览罗浮山之作。晚年，余先生很少画山水。1948年夏，我忽发奇想，要请他画一幅山水立轴，其实这念头早就有了，只因身为晚辈，贸然提出有欠妥当，应该慎重为好。一天，我去先生家，见他神采飞扬，心情很好，跟我谈了书画方面的事。这时，我终于婉转地提出求画山水的事，他颔之而笑，意在默许，于是我放心了一半。谈话中我还提起10月间将回龙游结婚，他问我对方情况，叫什么名字，我都一一答了。天从人愿，事隔半月，我去萱寿里寓所，先生说设色山水立轴画好了。画的右上方题着："予久未画山水，家仁世兄强使为之，真有三日不弹手生荆棘之感矣。戊子秋余绍宋记。"下钤白文"余绍宋印"。

我正看着题款，余先生问我怎么样？我答太好了，谢谢老先生。这是他作的最后一幅山水画，值得永宝纪念。他起身从宣纸堆中取出另一张画，说这是祝贺我新婚的，我一看是幅红梅，疏枝老干，盛放春红。题为"家仁世兄静宜女士结缡志喜戊子八月越园写贺"。下钤白文"寒柯写梅"。右下角钤有朱文"越园墨戏"、白文"物望犹人却画师"方章。我喜出望外，再次谢了。隔日，送去一家熟悉的裱画店装裱，他的字画一般都在这店装裱，我也常去店中看画，因此认得。店主人老张见到这幅山水，连声叫好，说长久不见余先生画山水了，难得，难得。就用了上好全绫，开的价钱也还公道。这是我生平的一件快事，不可不记。

余先生的起居生活，很有规律。每天天色微明，书斋的灯就亮了。读书、补记昨天的日记，或致书友好，答复来信。早餐后，稍事休息，或上班，或会客，或写作。要是上班，一般都在8时半左右到馆。省通志馆馆址在里西湖静江路（今北山路）108号梅庐，原是一位上海资本家的别墅，一直空着，是租赁下来办公的，它面对孤山林和靖墓，院木葱茏，小楼回廊，倒也幽静。

余先生每来馆舍，总是衣冠楚楚。夏天白色中式短衣裤，外罩浅色长衫；冬天长袍坎肩，黑布鞋，有时也戴黑瓜皮帽。马褂左上方的口袋里放着打簧怀表。裤脚常用黑布带裹起，想是早年在北京习惯了的装束。走起路来，步履稳健，仪态不凡，让人肃然起敬。余先生办事，井井有条。每有公文，总是很快处理，从不积压，在批示处总盖上专用私章。章为朱文"余绍宋"，外观晶亮透明，有如玻璃，他告诉我是用美国飞机的残骸加工制作而成，一位朋友送的。我想当是硬塑料，可在当时却是一种不多见的东西。

我当时负责图书室工作兼及民俗资料的搜集研究。每天的报纸都要浏览一遍,先生关照我把不用的报纸副刊寄给"北京宣武门外前青厂周家大院三号"的梁思孝。梁先生和余先生是什么关系,也没有细问,记得梁先生也在北京报纸上写写文章,也常把北京报纸寄来给我看。

对省志的编纂,余先生深思熟虑,早有设想。既保留了旧志有用的东西,又在体例上更多采用新法,强调科学性和时代精神。通志馆迁杭不久,他很快写出了《略评旧浙江省通志兼述重修意见》《重修浙江通志初稿体例纲要及目录》,印发国内学术界有关人士征求意见。新志增设了不少新的编目,如民族、水利、物产、议会、司法、交通、实业、宗教、艺术等20多编。为此,他聘请了一大批卓有成就的专家、学者为志馆的特约编纂,有竺可桢、童第周、茅以升等20多人。根据情况,各县设采访员1—3人,由采辑课按编辑需要提出采访要求,请当地采访员搜集整理。志馆经费有限,许多采访员都是当地很有学问的人,也只能稍有补贴,更多的是尽义务,但热情都很高,无不竭尽全力,寄来不少很有价值的拓片、照片和文字材料。

为了发表编纂成果,志馆曾在《东南日报》辟有《文献汇刊》副刊,不久便创刊《浙江省通志馆馆刊》。馆刊的主要稿件由分纂洪焕椿编辑,衍文(姓刘)和我也帮助做些编辑工作。余先生除审阅文稿,还要跟曹博生(余先生的妻弟,在杭州中央银行工作,馆刊的纸张、印刷事宜,都委托他办理)商量印刷的事,就连馆刊上的启事都亲手动笔。有些事,在他审编过程中想到了,就自己写。我手头还留有当时先生草拟的编后语、启事等数则,这些手稿之所以留下来,是因为先生的书法实在是一种极美的艺术,片纸只字我都珍爱,1963年回龙游发现后带来北京。先生的诗稿也常让我用"寒柯堂稿纸"誊清,抄好后便把原稿留存,可惜年久辗转存放,现在已所存不多了。

从余先生亲手为馆刊写编后语和启事,使我联想起了1934年秋他在杭州主编《东南日报》特种副刊《金石书画》的编辑工作。翻阅各期《金石书画》,时见他对作品及其作者都写有简明精到的介绍,并对钟鼎拓本加以释文和说明,也写了"编辑余谈""启事"等。这种精到、认真的工作精神,非常值得我们学习。

不了解余先生的人,都以为他道貌岸然,让人有几分敬畏,其实他常怀童心,且极诙谐。1944年盛夏,在云和大坪寓所,他患湿疹,光着上身,搽满用橄榄油调的药,胸背上还用纱布裹了几道。我去时,他正坐在竹椅上抽烟,一见我去,开口就说:"家仁,我被害了!"我一惊,问怎么被害?他说:"你看我五花大绑,就要绑赴法场,不得了啦!"一时引起彼此开怀大笑。那时,每天晚饭之后,夕阳西下,志馆同仁常在村野小道上散步。一次在白龙山上,余先生从陈老莲谈到《水浒传》人物,又从人物谈到"赤发鬼",他说"赤发鬼"就是衍文和你,我当即想起"赤发鬼刘唐",心想他真能逗人,觉得也真好玩。还问我:听说衍文迷上了一个花旦丹桂红,可有此事?我说那是大家开的玩笑,没有的事。那时山村没有文娱活动,衍文、章辉和我常去云和城里看越剧,丹桂红是该戏班的花旦,色艺俱佳,不说衍文,看过的人都说好。我不知道他从何听说的?是章辉,还是做饭的小姨娘告诉他的,也搞不清楚。

　　给我印象最深的是1945年秋天,日本投降的消息传到山村,余先生欣喜不能自持的情景。他在屋子里来回走动,高声嚷嚷:这下好了!这下好了!背着手,时而低头,时而仰首地踱方步,忘情地吟着杜诗:"剑外忽传收蓟北,初闻涕泪满衣裳。却看妻子愁何在,漫卷诗书喜欲狂。白日放歌须纵酒,青春作伴好还乡。即从巴峡穿巫峡,便下襄阳向洛阳。"抑扬徐疾,吟声不绝,看上去有如沉醉东风,忘情物外。是胜利的喜悦,也是8年的惨痛!这年9月,我们准备收拾一切告别云和去龙游,取道衢江赴杭。我向余先生建议给大坪馆址拍几张照片,以便将来在志书上刊用,他说这主意好,欣然采纳。经过一番布置,把志馆(梅家的屋宅)的大厅、办公室都拍下了,他还在厨房后门出去的白龙山下留影。这些照片到杭州后没有见到。事隔40年,现在想起,倒是很有意思的珍贵历史资料了。

　　录自《浙江文史集粹》第6册第431页(浙江人民出版社1996年12月出版)。此文首载于团结出版社1987年出版的《余绍宋》一书,《浙江文史集粹》改题目为《追怀余越园先生》,兹据《余绍宋》一书改正。唐家仁(1924—2012年),浙江龙游人。中学毕业后,在浙江通志馆从事文史采辑并协助编辑馆刊。1951年春,参加《大众电影》编辑部工作,后任中国电影家协会电影艺术理论研究部编审,《大众电影》副主编等。有《影墨缘》等著作。

琐忆余绍宋

陈左高

　　当代书画家兼擅诗文书画著述者，允推余绍宋（1882—1949 年）（编者按：余绍宋生于 1883 年，此处误记）。笔者有幸，青年时，经高欣木（时显）丈之介，得相识请益，略知其旧事二三。

　　余老是著名书画家和艺术理论家，字越园，别号龙丘山人（编者按：余氏似无此别号），晚号寒柯，浙江龙游人。清末日本法政学校毕业，钦赐（洋）举人。曾佐梁启超任司法次长、北京美术专门学校校长、浙江通志馆馆长。著作有《寒柯堂诗稿》《书法录要》《画法录要》（编者按：余氏未见《书法录要》之著，《画法录要》当系《画法要录》之误）《龙游县志》等。

　　余氏数世崇尚墨学，乃祖望其继承勿替，援墨翟宋人之义，颜名绍宋。小名越越，因字越园。他工书法，善诗文，和王式园、高欣木、鱼占、络园诸丈昆仲，订翰墨交，称莫逆。忆往日笔者，叨居梅王阁末座，越园知予有王褆、沈卫、左诗龄三老书屏，尚缺其一，欣然允写诗屏一条见赠。越十日，即录己卯于役永康避居东郊高园村舍书怀一首，并函告属得意诗作之一。诗曰："瓮牖桑枢绝往还，莓苔蔓草且夷删，满村鸡鹜容争食，一室弦歌自闭关。教泽已漓惊俗敝，农功未尽叹时艰，安兹僻陋聊随遇，懒看溪南濯濯山。"所书点划不苟，具虞世南笔意。

　　嗣后，偶谒式园丈于沪上寓楼，适和余老相值。谈次，知余有访求古人日记的兴趣，见告所著《书画书录解题》，内有若干书录，本来是日记，以戴熙《习苦斋画絮》为例，原系年月日的日记，有助查考具体作品创作时间，可惜在后裔刊印时，删去年月，不免遗憾。此次晤见，知家父有越园菊兰画作已裱，又允绘翠竹一幅以赠，热忱足征。

论者谓其艺事，与陈师曾媲美。初作山水，曾展出于巴黎、伦敦、莫斯科、罗马、东京，中有寻丈巨幅，神来之笔，为欧美同行共赏，不意展出结束，独此失落，不禁怅惘。事后，有人自海外觅购璧还，引为知己之感。中年后，视力日衰，除梅兰竹菊外，尤喜绘竹，旨在品人重骨气，品画当重竹。于是萃力上溯文与可，旁参柯九思。马叙伦撰序祝其 50 寿，称其任司法次长时，拒绝金佛郎案签字，而罢官告隐，画格人格，时论归之。

余丈辞世，迄已 43 年，瞻顾翰墨，往事历历。闻前此七载，杭州曾办余绍宋作品展，识者无不为其书品画品人品深加钦服云。

录自陈左高著，上海世纪出版股份有限公司上海远东出版社 2010 年 7 月版《文苑人物丛谈》。陈左高（1924—2011 年），浙江平湖人。1945 年 9 月毕业于复旦大学中文系，先后执教复旦大学、华东师范大学古籍研究所等。主要研究唐、宋、明、清散文、中国教育史，尤致力于古代日记研究。著有《古代日记选》《中国日记史略》《历代日记丛谈》等。

忆余绍宋二三事

方甘菊

余翁绍宋（以下简称余翁），浙江龙游人。知名书画家，他兼有多方面的学术成就，特别是在方志学、史学及书画理论等方面都有开拓性的贡献。他廉洁奉公，爱憎分明，治学严谨，乐善好施，孝敬老母，关爱后辈，德高而望重，实乃后辈之楷模。

记得我童年时，听母亲讲过，我的祖父和父亲都在龙游滋福堂药店工作，余翁是该店股东。他是孝子，每年都要到衢州省亲，十分孝敬老母。他每次往返衢州时路过龙游，都要到滋福堂药店邀先父方河清陪同赏月，游览山水，有时明月当空，泛舟兰溪，尽兴而归。

先父方河清36岁时病故，家境贫寒，母亲无力承担我兄妹学费，余翁慷慨解囊资助我兄方书林去上海医学院就学，直到毕业后行医。后来余翁还将他的养女余海燕许配我兄为妻；婚后，余翁继续关怀晚辈，不时来信了解近况。我嫂从小在余翁身边亲聆教诲，也养成尊老爱幼、办事果断、通情达理、注重礼节的性格，还能背诵一些古诗词，但她懒于动笔，每次家信都让我代写，所以信封上"杭州菩提寺路萱寿里二号"的地址我至今都记得很清楚。我第一次给余翁写信时开头怎么称呼呢？母亲让我写"太亲翁"，这个称呼以后就一直延续下来。每逢嫂子怀孕足月前，余翁总是寄来催生丸，让嫂子顺利分娩。待婴儿下地，我即去函奉告，以慰悬念。他十分关怀我们后辈的健康成长，使我全家感激不尽。

初见余翁

1932 年 10 月,余翁五十寿诞,嫂嫂带我一起去她娘家祝寿。我母亲精心绣好一对有龙凤围绕寿字的坐垫,并亲自蒸好了龙游发糕和糍糕,糕上盖有红寿字,为余翁庆寿。

那年我十四岁,第一次坐火车去大城市,处处感到新奇。到了杭州城站下了火车,坐上黄包车,不久进入了繁华城市,嫂嫂指给我看:这是清河坊,那是龙翔桥。到了菩提寺路萱寿里二号,平时非常熟悉的地名,如今展现在眼前了。

门卫阿春迎出门来,接过行李,我们走进前院。这是一所新式的洋楼,周围有边楼。我们沿着庭院内的小马路向主楼走去,两边绿荫夹道,幽雅静谧;抬头望见松柏挺立处,寒柯堂主楼显现眼前。余翁出来相迎,只见他高大魁梧的身材,穿一件银白色长衫,外罩黑绸隐花马褂,扎着裤腿、(穿着)黑布鞋。他有着一双炯炯有神的大眼,唇上蓄短须,面容威严而和蔼,大步向我们走来,操着衢州的口音温和地问道:"你们路上辛苦了!"他爽朗的笑声、温和的话语,我感到很亲切。我站在他身边,显得又矮又小,一时拘谨得不知说什么才好,嫂嫂忙向我介绍说:"这是外公!"我赶忙按母亲的嘱咐,行了鞠躬礼。余翁招呼我们进内屋休息,这时姨太从内室出来,她个子不高,圆脸,油亮的头发往后梳一个发结,穿着合体细花绸旗袍,是一位身材苗条的中年妇女,也操衢州口音。行过见面礼后在小客厅坐下,阿春将我们带来的寿礼奉上,余翁微笑地一一欣赏了母亲朴素而精心制作的寿礼,交家人收下了。

进入餐厅,这时香莲姐和卜妈早就准备好一桌丰盛的菜肴,荤素搭配,色香味俱全,大家坐下用餐。余翁说:"营养素最多的是绿色蔬菜,特别是菠菜、橄榄菜、油菜、葫萝卜等平日应多吃。"他家用的饭碗是金边细花小瓷碗,米饭油亮松软而香甜,余翁只吃了半碗饭,我可是要满满两碗才够呢,余翁笑着说:"应多吃菜、少吃饭,不然胃就撑大了。"饭后大家休息,余翁说,午睡以 45 分钟为佳。

余翁一天的生活很有规律,天明即起,当我起床时书房的灯早就亮了,等我到书房问早安时,他已阅读完毕开始书写了。他抬起头来和蔼可亲地招呼我:"甘菊!"我说:"外公早!"他对我说:"一年之计在于春,一天之计在于晨，三早当一工么！早晨头脑最清醒，要多读多写啊！"我在一旁看他写字，笔法苍劲有力，犹如游龙，刚劲之中蕴有飘逸洒脱的风格。我平时也学书法，但拘谨笨拙，他告诉我："只要勤学苦练，必有成果。"这对我是莫大的鼓励和鞭策！

下午我再进书房时，他已经在书案上作画了。我在案前替他磨墨、伸纸，见他画竹时墨色有深浅浓淡，疏密相间，远近层次分明。画完之后他总要通观全局，再用重墨点缀几片竹叶，起到画龙点睛的效果。然后题款，加盖印章，晾干墨迹，便是一张成画了。晚上他吟读完毕，写一天的日记以后准时入寝。

他有时还抽闲陪我们去西湖公园看夜景，他坐的是自家的三轮车，由阿春驾车；我们坐的是出租黄包车。西湖的夜景实在太美了！对我来说犹如梦游仙境。一个从小穷困的孩子，今天居然能享受到如此美妙的风光，心情是多么激动啊！此时此刻我惦念起慈母，她一辈子操劳、困守在家，不能欣赏到西湖美景，真是十分遗憾！

回到龙游，我躺在慈母怀里细细地诉说了在杭州的所见所闻，特别是余翁的关怀与教诲，她紧紧地搂着我说："孩子，你真有福啊！"

再赴杭州

1934 年，母亲急病去世，犹如晴天霹雳，家人都十分悲恸。1936 年夏，我辞去银行工作，带着积蓄了六年的工资（80 多块银圆），赴杭求学，报考期间我暂住余府，被省立女中录取后，我搬到学校去住。

余翁十分关心我的生活，每逢周六必邀我去他家改善伙食。当第一周余翁打电话给我时，我是初次使用电话机，深恐他老人家路远听不见，于是大声喊话，余翁在电话里温和地告诉我："甘菊，电话里说话声音要小些，才能听得清！"我用小声回答，他果然听见了。以后我才明白如何使用电话。

到了余翁身边，他轻声问我："你从前最喜欢吃什么菜？说给我听听！"我想起先母给我做的肉丸汤，那是用龙游石板街广和酱坊的京冬菜（酱瓜丝）剁碎后调在绞肉中，加上调料做成肉丸，一个个贴在大碗里面四周，带点汤，蒸熟后味道十分鲜美。余翁让香莲姐去做，果然做成了，我享受到丧母后的慰藉和温馨。

有一个周六余翁带我去看电影,我坐在他的右侧身边。电影开始了,序幕中出现波涛汹涌、势如倒海的局面,继而大浪相互冲撞,形成旋涡,急转直下,随后在浪花尖上出现四个字——"请君三思",余翁转过头来低声问我:"甘菊!你知道这四个字的含义吗?"我茫然不知所答,他严肃而感慨地说:"人欲横流,世风日下!"我恍然有所悟,看来他对当时的社会现状满怀犹虑和感慨。此情此景虽已过去74年了,但一直仍深刻地留在我的脑海里,至今难以忘却。

迁省通志馆前后

1937年,我婚后不久即随丈夫祝圣文奔波于西南各地从事于铁路建设,居无定所,过着颠沛流离的生活。1942年,我偕周岁的康儿回到沐尘省亲,当时日寇入侵,余翁正避难在沐尘巫氏厅邻竹斋,这期间我经常在他老人家身边。不久,圣文也还乡了,余翁曾介绍他去省水利厅工作。在避难期间余翁还在忙于筹建省通志馆的工作,有时也抽闲作些书画。抗战胜利后他回到杭州,由他负责的浙江省通志馆也同时迁至里西湖梅庐办公。

有一天,我正在龙游溪口大姐方雪梅家,听人急报说:我嫂子的妹妹余香莲在官村祝出事了。当时她丈夫祝子孚随余翁迁省通志馆去了杭州,不在家;而嫂子余海燕又不在溪口。

我听到此消息后,急忙跑到官村祝祝子孚家,进门一看,见香莲姐躺在小床上,盖着沾有大片血迹的被子,已神志不清,生命垂危。妯娌们都围在她身边,纷纷向我诉说事情经过:原来子孚去杭州后,家中留香莲一人带着孩子管理家务,正值农忙季节,国民党抓壮丁把她家的长工抓走了,香莲姐上前说理,反遭恶人造谣污蔑,恶语伤人!她愤不欲生,竟用剪刀刺喉企图自尽,幸亏妯娌们抢救及时而脱险。她几个幼小的孩子正围在床边哭泣。我见此情景,马上疾书给余翁,汇报情况,让子孚速归。余翁接信后,立即命子孚赶回家中处理此事。同时余翁给我一封回信,记得信中有"读来信,不胜扼腕"之句。

不久,子孚偕全家迁往杭州里西湖居住。又过了一段时间,子孚再次给我来信说,香莲身体恢复很快,已能下厨做美味佳肴。记得信中有香莲将佳肴"分享家人,不遗一人"之句。

余府屡遭盗窃

余府屡遭盗窃，我知道的就有三次。第一次是在20世纪30年代。有一天早晨，家人发现主楼客厅中的文物被窃，我跟随余翁和家人一起巡查院内四周围墙，最后发现在堆煤球的墙角围墙上有砖瓦被破坏的痕迹，于是请人修补了这个缺口。我想："亡羊补牢，未为晚也。"

第二次是在1938年。我在广西时，遥闻余翁避难沐尘，杭州余府遭到日寇劫掠，余翁多年积累的心血和财物竟毁于敌寇之手，我们深为之痛惜！

第三次失窃是在日寇投降后。外患既除，万民皆喜。谁知内患又起，蒋介石发动内战，社会混乱，余府再次遭到盗窃。当时我在义亭铁路工务段，闻讯赶到杭州去看望，进到余府，见余翁坐在床沿上，默默无语。姨太告诉我夜间被盗经过，她说："那天半夜入睡蒙眬中，觉得窗户缝隙里有白茫茫的烟雾飘进来，想起身看个究竟，谁知全身乏力起不来，不久就沉沉入睡了，直到清晨醒来，听家人说家中被盗窃了。"这时，我见余翁坐在一旁，边听边微微点点头，却沉默无言。他一生积累的墨宝和史料，是不可估价的宝贵财富。在乱世中屡遭劫难，怎不教人痛心疾首呢？

文化名人的陨落

1949年春，正当解放战争节节胜利，黑夜即将过去，曙光就在前头的时候，余翁患败血症在杭州就医。那时我随圣文在义亭铁路工务段从事养路工程，听说余翁病了，我即赶赴杭州看望。这天正值中午，余翁去医院输血未归。午餐时，余翁回来了，有书童随行。一进门，余翁看见我，高兴地说："甘菊来了！"我马上站起来，他俯身看一看饭桌上的菜，我抬头看他的脸好像比以前消瘦了许多，但脸色和嘴唇还有些红润，我脱口而出："外公气色还好！"这句原想安慰他的话，谁知却勾起他满腔的忧虑，我见他脸色沉闷操着沉重的衢州口音说："全是人家格血！"他忧心忡忡地走向书房去了。我真是懊悔莫及。

又过了一些日子，听说余翁病重了，我再度赶到杭州，他已卧床不起。当书童从他卧室出来时，大家连忙问尿的颜色，书童摆着手势，低声说："赤色！"原来余翁的败血症已经发展到全身有出血点，连尿中也是血色了！我们都非常忧虑。就在余翁病危时，他对待伺候身边的书童也不忘礼节和关爱。据书童说，每逢给他送水送药或倒尿时，他都屈着中指和食指在床沿上叩击几下，表示叩首感谢之情。

1949 年 6 月 30 日，噩耗传来，我和圣文立即动身去杭州，余翁遗体先浮厝在杭州净慈寺。1952 年迁葬龙驹坞公墓时，我和圣文前往送殡，和余府的亲属、友人一起在墓前叩首祭拜，深切哀悼这位著名的书画家、方志学家，一代文化名人余绍宋先生的溘然长逝。

录自《龙游史志》2010 年第 2 期。方甘菊，龙游人，其父方河清系余绍宋青年时代的好友，方河清不幸早逝后，其家人一直得到余绍宋的资助和关心，后来余绍宋又将其养女余海燕嫁给方甘菊之兄方书林为妻。1949年后，方甘菊随从事铁路工程勘测设计的丈夫在大连、天津等地工作。

附录一

龙游余君墓志铭

林志钧

　　君讳绍宋，字越园，姓余氏。上世居龙游之柳村，后移居城中后高山七果园。曾祖讳恩镖，广东连州知州。祖讳福溥，江西特用知府。父讳庆椿，龙游凤梧书院山长。连州公解组归，以龙游故宅毁于兵燹，移寓衢州，遂奠居焉。君年十三，遭父丧，哀戚如成人。年十六为诸生。又三年食廪饩，旋留学日本，毕业政法大学。归国，以法政科举人授外务部主事，时为清宣统二年。洎国体变易，君南归。民国元年，就浙江法政专门学校教务主任，兼教习。二年，北上充众议院秘书，旋任司法部佥事兼署参事。三年，任参事。予宣统间识君北京，至是同任职司法部参事，日相接，踪迹益密，公余商讨古今学术流别，旁及艺事。君擅书法，善用奇局，而沉厚茂密，行间有遒健深博之气。时武进汤定之先生游京师，嗜书，多见名迹，以家学通六法，君与予获交定之。同时，萧厔泉、贺履之、陈师曾诸先生皆精绘事，亦常相过从，月一二会，多集君西砖胡同寓斋，君之学画自此始。民国四年，帝制议起，予辞部事，授课国立法政学校，任教务长，君于时亦兼校课。八年，予任司法部民事司司长，翌年君代理司法次长。十年三月，迁司法次长，十二月辞职，任法律馆顾问，十四年，与予同充善后会议法制专门委员，君又充宪法起草委员会委员。十五年三月再任司法次长。金佛朗案起，君去官以表抗议，示不挠，世多称之。十六年，司法储才馆成立，任予学长，未遑就，推君，果称职。十七年，君亦辞学长职，南归居杭州。予时授课北大、清华两校，留北京。自是与君南北睽隔，盖无时不相念，每南行必过杭州，视君寒柯堂，相与握手倾谈为乐。别时，君辄写山水或竹石小帧以赠。二十六年，任国立中央大学教授。是年八月，抗日战事起，君奉母返里，旋移居龙游南乡之沐尘山中。予时困处津沽，友好音讯殆绝，君独从沐尘辗转探悉予所在，远道缄札相存问，又辄为写山水或竹石小帧寄赠，迹雅而情温，意长而谊笃，此岂可求之于寻常朋辈间哉！君向不甚为诗，至是避寇山居，乃有所作，诗多感时伤乱愤世语，而苍莽雄直，时近杜陵，固君才气高举使然，亦身所遭历有以致之也。诗成积数十首，即作小行书录寄予，属为论次。如是数年不辍，积若干篇，今所刻寒柯堂诗集是已。二十七年，被选为浙江省第一届临时参议会参议员。三十一年，由龙游迁云和，被选为浙江省第二届临时参议会副议长。三十二年，浙江省通志馆成立，聘君为馆长，设馆云和。僻壤荒陬，人才、载籍两乏，其筚路蓝缕，草创擘划之劳，十百倍于常时。而浙省通志，自清雍正时续编以来，一百余年文献湮缺，民国初年设局重修，既又中辍。君受任，奋然不顾时势之艰，为之草定体例纲要，不循旧轨辙，区为二十九编，都五百零四章，其编曰记者二，曰考者十二，曰略者十二，曰谱者二，曰表传者一。编章之下，详分节目，此不独浙江各旧志，即各省新旧志书，亦罕见兹例。更折中实斋章氏及近贤诸说，别为浙江文征一书附焉。造端宏大，可谓观止。寇既败退，通志馆迁杭州，君亦返杭，与馆中诸贤，分工协力，志事益精进。三十七年，予南下游杭，留宿君家三日，君戊寅寄予诗："逃死光阴垂老日，今生重见恐无时。"乱离久阔，竟获再聚，予年逾七十，正不知能复几面，乍晤，把两臂，为之怅慰交集！而聆君谈转徙衢处间，困顿孤苦之余，通志馆重负，竭心力未尝稍婴退，则为之倾服且喜。顾是时，馆事以绌于费，薪米且不继，既成之稿，印资无所出，仅由市府以征粮调查需参考，给款抽印志稿财务略之田赋一章，已累然巨帙。斯志不仅以繁富称，君盖参用史裁，兼尚科学，如旧志仍星野之说，君则商诸竺君可桢，根据天文学决弃此说不用，其一例也。又如地理考中之地质、气候，民族考中之民族特质及其分布、方言、风俗，与夫特殊少数民族，社会考中之社会衍变及解剖、革命运动、学术文化运动、社会事业，物产考中之动、植、工、矿诸物，及其特产，他若交通、水利、政治、经济、财政、法律、教育诸大端，又如工人、农民生活状况、劳资问题、团体组织、合作事业等等，皆论列及之。君尝谓今日修志当切合时代，不宜依傍前人，惮于改制。越园讲旧学，而其为言如此，其识解有过人者。浙为东南学术荟萃之区，斯志凡浙人著述，自汉唐以下迨于民国，又省外、国外人有关浙省著作，咸登于录。而关于存佚及待访各书，皆有统计，其为例亦至善。今年春，通志馆卒停办，君与予书，深恨不能竟其事。予曾去书，问著述考、金石考两种已成书否？君来函，同仁所编著述考，各书皆有提要，凡一百余万言，金石考十八万余言，皆已成。其他部门成者尚四百余万言，今举束高阁耳！予复书宽慰之，而私亦为慨叹不已。岂知越数月，君且弃吾辈以去，天乎！老来丧朋友若丧性命，四十载肺腑之交，闻君丧直不知吾身之犹在人世不也。回忆君在北京编成空前名作之《龙游县志》，又《书画书录题解》《画法要录》诸书，时予旦夕相与上下议论，君恒虚受不以为厌，是诸作予又皆见其成，引以为至乐。今乃见通志之忽然以断，复闻君之丧，呜呼，今昔之感，生死之际，独安能无痛哉！君为人倜傥有大志，长身岳立，目光炯炯照人，豪饮未尝见其醉。作书画则虽酒后必精严有法度，其画别出机轴，圣处几自名一家，居官不随俗俯仰，勤而慎，案无留牍，而措施裕如，其政绩世所共见，不具述。所著书，尚有《补新旧唐书艺文志》，及《画学师承记》《佛教艺术》，垂成皆因乱散失。君事太夫人至孝，归衢州定省，岁数往返不知倦。太夫人今年八十又八岁。君既逝，家人不敢以闻。呜呼！君万万不可死而竟死，此又何说哉！君生于清光绪九年癸未十月初六日，卒于民国三十八年六月三十日，寿六十又七。室曹氏，侧室周氏，子三：翼、献、遂，孙男二：子安、力生，孙女二：孟嘉、怀仲。将于某年月日，卜葬于杭州某地。铭曰：

学与位俱显，才与艺兼长。胡光艺之遽泯，岂时命之相妨！亭亭寒柯，天其雨霜。归形兹坏，纳铭永藏。

1949 年 7 月

录自林志钧著《北云集》。林志钧（1878—1961 年），字宰平，号北云，福建闽县人。辛亥革命前留学日本，归国后曾在北洋政府司法部任职，后为清华研究院导师，中华人民共和国成立后任国务院参事室参事。著名诗人、法学家和哲学家，著有《汉律考》，编有《饮冰室合集》等。

附录二

余绍宋大事年表

余子安

1883 年(清光绪九年)　1 岁

旧历十月初六,生于浙江省衢县(今衢州市)化龙巷。

1887 年(清光绪十三年)　5 岁

开始识字。

1889 年(清光绪十五年)　7 岁

开始入家塾乐寿堂读书,业师为王耀周先生。

自幼聪颖,曾祖父镜波公十分喜爱,课余必督促他温习功课,并常讲乡先贤少年时的故事给他听,如"饶州之罗鸡得金""忠肃之化龙枕鼓"等。所以虽自幼生长衢州,却很神往龙游故乡。

1893 年(清光绪十九年)　11 岁

曾祖父谢世,享年 86 岁,卜葬于龙游县北上山徐之阳。随祖父、父亲送灵柩至龙游,第一次踏上故乡土地。安葬毕又归衢州。

1895 年(清光绪二十一年)　13 岁

父延秋公掌教龙游凤梧书院,随父居书院读书为时半年,渐通晓故乡俗语,也渐留心乡邦故事。

是年祖父滋泉公谢世,父延秋公居丧致毁,也卒于这一年。

1896 年(清光绪二十二年)　14 岁

因祖父、父亲相继去世,又回衢州居忧读书。

此后数年中,留意经世之学,并涉览群书,对于史学尤为喜爱。

1899 年(清光绪二十五年)　17 岁

是年岁试,府试第五名,县试第三名。

自父去世后,家境日渐贫苦,常常为县学撰写文稿,以所得赏金补家中日常开支。

从是年起开始记日记,直至去世前从未中断。今存世者不及总数之半。

1900 年(清光绪二十六年) 18 岁

自此后三年中均在家设馆教书,学生有徐仲宣等人。空暇仍为县学撰文。

是年北京发生义和团运动,衢州、江山等地也有杀洋人的事情发生,全家曾暂迁杭州。

1903 年(清光绪二十九年) 21 岁

是年清政府废除科举制度,龙游县开办了新学堂,曾任学长一席,为期半年。任课之余奋发读书,遇有关本县事情便笔录之,日久积稿渐多,与旧方志相互考校,发现《康熙龙游县志》舛讹很多,于是成《旧志订讹》一篇。

1905 年(清光绪三十一年) 23 岁

在江山中学堂任教,与马叙伦等人共事。

旧历十月二十六日,与安徽绩溪曹闻韶次女曹越弟结婚。

1906 年(清光绪三十二年) 24 岁

仍在江山中学堂执教,后因慈禧太后肖像案,离开学校去日本留学(据新近发现的钦差出使日本国大臣发给余绍宋留学日本的证明书,余绍宋到东京的时间是光绪三十一年,也就是 1905 年。而据江山档案馆所藏毛云鹏的回忆和马叙伦《我在六十岁以前》一书,江山中学堂事件发生在 1906 年。这时间上的差异成了一个悬案,待以后详加考证)。

到日本后先入交通学校铁道专业,不久即转入东京法政大学研读法律。

1907 年(清光绪三十三年) 25 岁

与同学凌士钧合作翻译日本人泉二新熊讲述的《刑法泛论》,由上海彪蒙书屋出版。

1910 年(清宣统二年) 28 岁

毕业于日本东京法政大学,归国后以法律科举人授外务部主事。最迟在这一年结识梁启超、林志钧。

1911 年（清宣统三年） 29 岁

旧历八月十四日，长子翼（字意陶）生于衢州化龙巷。

纳周英为侧室，周无出。

1912 年（民国元年） 30 岁

就浙江法政专门学校教务主任，兼教习。又任浙江私立法政学堂教员。

1913 年（民国二年） 31 岁

赴北京任众议院秘书，不久任司法部佥事兼署参事。

10 月，政治会议开幕，由司法部派选任政治会议议员。

1914 年（民国三年） 32 岁

任司法部参事。

6 月，政治会议结束。

1915 年（民国四年） 33 岁

任司法部参事。

于公余从汤定之学画，并成立宣南画社。司法界同仁林宰平（志钧）、梁和钧（敬镎）、胡子贤（祥麟）、杨劲苏、孟纯苏、刘崧生、余戟门、蒲伯英等十余人一同参加。后来陈师曾（衡恪）、贺履之（良朴）、萧屋泉（俊贤）等名画家也来参加。画社每周集会一次，作画吟诗，谈艺论文，纯属民间学术团体。参加者不论地位高低，来不迎去不送。因多集于先生所居之西砖胡同，西砖胡同位于宣武门之南，故名"宣南画社"。

1916 年（民国五年） 34 岁

继任前职，并任高等文官惩戒委员会委员。

1917 年（民国六年） 35 岁

7 月，张勋复辟，曾一度辞职，不久即平息。

8 月，任国务院战时国际事务委员、司法部主任委员。

9 月，抄校李清所著的《南北史合注》①。

---

① 余绍宋逝世后，《南北史合注》抄本及校本均捐献给了浙江图书馆，但后来先生亲手批校本部分遗失。1989 年由全国图书馆缩微中心按浙江图书馆（以先生和胡子贤共同完成的抄本）誊清本影印出版。

1918 年(民国七年) 36 岁

5 月,为"明杨椒山先生狱中手植榆树"题字、题诗,并付刻石,石在北京。

6 月,与凌砺深、梁和钧赴南方各省考察司法。途经杭州访老友阮荀伯、经寿庵等人。并应经寿庵的请求,为修葺"巢后阁"撰写楹联,又重书林文忠公旧联一副。

1919 年(民国八年) 37 岁

元旦,撰《徐馨山太姻丈墓志铭》一篇。

5 月 4 日,爆发青年学生运动。先生对当局蔑视司法、逮捕学生十分不满。

撰写《詹世诠传》一篇。

为汪志庄(展)题所藏旧拓《西门豹祠堂碑》凡二千余字。又题《查梅壑手札》等。

独力编著《刑事诉讼法条例》一书,由北京第一监狱署出版。又与余荣昌、李祖虞合编《实用司法法令辑要》,也由北京第一监狱署出版。

所著《行政法总论》由北京法政专门学校出版。

编成《最新行政法规》,由北京公慎书局出版。

1920 年(民国九年) 38 岁

继任前职,仍兼北京法政学校课。

元月,表伯梁鼎芬在北京去世,安葬在梁格庄。绘《梁格庄会葬图》一卷,此卷有曾刚父、陈宝琛、朱益藩、胡子贤、陈师曾、吴昌绶、康有为、黄节、袁励准等二十余人题诗题跋。

3 月,购入衢州化龙巷翟姓旧宅"通奉第",遂改"通奉第"为"春晖堂"。

8 月,与龙游人朱晚香商议修县志事。

10 月、11 月,因司法次长张云博请假,代理司法次长职。

1921 年(民国十年) 39 岁

元月,又奉命代理司法次长职。3 月 7 日就任司法次长职,在职期间曾实行一些积极措施。

3 月,因总长董康丧叔请假,代理司法总长职务。

7 月,提议募款设法律图书馆。

9月,赴南方各省考察司法。

10月底,返衢州为母亲褚太夫人六十诞辰祝寿。龙游县筹备修《龙游县志》,被聘为总纂。

12月,在京会见日本著名画家渡边晨亩。

编校《节庵先生遗诗》。

12月28日,辞司法次长职。

主编《外国法学丛书》,由司法部参事厅出版。

1922年(民国十一年)　40岁

继任高等文官惩戒委员会委员。继任司法部参事。受聘修订法律馆总纂,辞不受,改聘为修订法律馆顾问。仍兼北京法政学校课。

起草《法院编制法》。

编辑《法律草案汇编》,由北京修订法律馆出版。

编辑《梁节庵先生遗诗》,撰写《梁节庵先生遗诗集缘起》。

1月,跋《先德遗墨卷子》凡十余条。

2月,为梁启超先生五十大寿作画。

阅读章学诚《文史通义》第八卷,并拟订《龙游县志》编纂条例,不依向来通例,亦不全用章氏说。

3月,因政府数月未发薪水,拣旧书画出售以补炊米。

5月,因感画学凌夷,邪魔外道猖獗,颇思辑一书,以便初学。遂着手辑录古人论画语,去其浮泛玄妙之言,分类编排,并加解释,定名为《论画集释》,又改名为《画法汇抄》。此即1926年出版的《画法要录》之缘起。

6月,为钟琴庄之父作《钟歧山先生家传》一篇。

9月,校先曾大父《吴越杂事诗》并跋其后,付印。

10月,省亲赴衢州、龙游,先祖所创龙游滋福堂药店始由先生及胞弟筱秋独立经营。

汪慎生(溶)为先生作四十岁小像,陈师曾(衡恪)题字,黄晦闻(节)题诗。

是年龙游县设修志局,公推祝康祺坐办局务,并设局员两人,采访员八人,而撰文则由先生一人承担。

1923年(民国十二年)　41岁

北京法政学校欲聘为校长,辞不受。

辑成《万历龙游县志辑佚》一册(稿本)。

更定祝康祺所编《龙游县志采访员章程》凡十九条。撰写《名宦传》。

为龙游北乡题"灵鹫岩"三大字。又写"青霞"二大字,刻于衢州烂柯山岩。

为邵伯炯(章)作《万松兰亭斋图》一卷。

为靳云鹏母寿作画。

为沈衡山(钧儒)题其尊人手摹《夏承碑》。

拟定《龙游县志采访纲要》八章近四十条。

撰《重刻万历壬子龙游县志序》一篇。

《梁节庵先生遗诗》刻成,分赠亲友。

被北京法政学校推举为筹备大学委员。

6月24日,由骡马市大街西砖胡同迁入新居东单牌楼三条胡同。

次男献生,字耆徽。

8月,《万历壬子龙游县志》重刊成书。

10月,辞去修订法律馆顾问职,兼任北京国立法政大学教授。

1924年(民国十三年)　42岁

因需潜心致力于《龙游县志》的编纂,除任北京国立法政大学教授外,辞去一切职务。

2月,为平谷县书写"渔阳故址"四大字,付诸刻石。为朱子厚书"清慎勤"三大字。

7月,北京美术专门学校校长陈延龄聘先生任教习,辞不受,再请方允诺。

9月,教育次长马叙伦请先生出任北京美术专门学校校长,辞不受。

11月,北京美术专门学校教务长汤文聪特来劝先生出任校长,仍辞不受。

12月2日,教育部送来北京美术专门学校聘书,马叙伦打电话通知先生必须在次日到校就职。

12月5日,初识徐志摩、郁达夫。

再辞北京美术专门学校校长职。

得梁节庵旧藏《归庄墨竹诗翰卷》、万寿祺赠顾炎武《秋江别思图卷》两卷。

书画开始订润格。

1925年（民国十四年）　43岁

2月，"新月社"来函邀入社。法制院函派先生为善后会议法制专门委员。

3月，为罗钧任（文干）作《岳阳城图》。

4月11日，《龙游县志》志稿全部告成。4月26日，举行宣南画社十年纪念会，二十余人参加。

作《法政大学同学录小序》一篇。

南归省亲，重整家祠乐寿堂。

7月，北京电告已推先生为浙江省国宪起草委员（委员长林长民）。

编校《画法汇录》（即后来出版的《画法要录》）。撰写《王耀周先生墓志铭》一篇。为沈钧儒画《雷峰遗影图》。

再次任修订法律顾问。

《龙游县志》全书完稿，梁启超作序，送京城印书局印刷。12月，作县志勘误表。

调查法权筹备委员会开会，参议会成立会诸人公推先生为主席。

1926年（民国十五年）　44岁

燕京大学请梁启超、梁漱溟、张君劢、胡适之及先生分讲中国文化研究，先生分讲美术，因嫌范围太广，致函徐志摩，只讲绘画一门。

3月，再次就任司法次长。

4月，因反对段祺瑞执政府制造"三一八"惨案等事件，未待上辞职书，即被免去司法次长职。

5月6日，在燕京华文学校为旅华欧人讲中国绘画。讲稿在《晨报》副刊上连载，后来南开学校有排印本，名为《中国画学源流之概观》，并有英文译本。

7月15日至9月15日，因患痔瘘住院手术治疗。

12月，故宫博物院维持会成立，与马衡、陈垣等14人由会长指定为常务委员。

《画法要录》出版。林宰平作序，汤定之题签，黄晦闻题扉页。1930年中华书局再版，再版时初编分装四册，二编也分装四册。1970年台湾影印再版。1991年北京中国书店再版时缩印成一册。

为北京陶然亭画《龙泉寺补罗汉图》，并题诗于画上。

是年开始学画梅，着手修家谱。

1927 年（民国十六年） 45 岁

1 月，司法储才馆成立，任学长兼教务长（梁启超任馆长）。

兼任北京师范大学教授。

林风眠请先生出任北京艺术学校中国画科主任，力辞，后允任画史、画法两科教授。

开始学习章草。撰并书《祝康祺墓志铭》。

夏，为卓君庸（定谋）题章草草诀歌。为林宰平画《设色山水册》十页。

7 月，移居天津郭芸夫家，与梁启超毗邻，自此朝夕过从。

8 月，辞司法储才馆学长兼教务长职，辞去北京政府内的一切职务。

9 月，为梁启超题黎二樵画。梁为先生题所藏旧拓《急就章》和《月仪帖》。

梁启超作书致张元济，为先生在商务印书馆谋事。

10 月中旬，乘新铭轮抵沪，在沪逗留旬余。

11 月，返衢州，从此结束宦游生涯。

1928 年（民国十七年） 46 岁

春，校订郑渭川（永禧）《衢州县志稿》。

2 月 13 日，离衢州，经杭州、上海、天津，于 3 月中旬抵北平。旋返天津，仍住友人郭芸夫家。在津寓居时，每日读书画类书籍，并一一作解题。常与梁启超谈论学术。是时，梁启超方从事《中国图书大辞典》的编纂，先生则草创《中国美术史》，撰写《书画书录解题》。为考察诸书画书籍之存佚，在梁启超寓所查检目录书籍百余种。

《初学鉴画法》刊登在南开学校校刊上。

6 月，为梁思成新婚画册页四页。

7 月，将南归，以旧藏清查士标大幅山水赠梁启超。

7 月 20 日，启程南归，29 日抵达杭州，在北山街原 82 号赁屋侨居（今此屋已拆除）。

8 月 15 日，游仙霞洞，题名石上。再游石屋洞，见壬子岁题名尚在。

8 月 31 日，迁居法院路（今庆春路孝女路口）。因庭院中有梧桐两株，曾一度名其斋曰"双梧桐馆"。

10 月 21 日,约孙廑才(智敏)、高鱼占(丰)、高欣木(时显)、高络园(时敷)、武劼斋(曾保)、叶品三(为铭)、范耀雯、程仰坡(学銮)、凌砺深(士钧)、徐心庵(瑞徵)等人,在孙寓组织"东皋雅集"。雅集为谈艺论文、切磋书画艺术的民间学术团体。后来发展到三四十人,如马夷初(叙伦)、陈伯衡(锡钧)、都小蕃(俞)、徐曙岑(行恭)、阮性山、徐沧一(行)等。雅集每月一二会,多集于杭州城东之皋园(俗称金衙庄),故定名为"东皋雅集"。历时十年而不衰,直至日寇侵华、社友云散才被迫停止活动。

11 月,为黄晦闻(节)作《沙河重九登高图》。画《西溪泛舟图》。

是年更号寒柯。三子遂生,字叔愿。

1929 年(民国十八年)　47 岁

黄节约赴广州任广东省通志馆总纂。广东省教育厅许厅长发来聘函。后因黄节离粤,又因财政收缩,先生未赴任。

梁启超在北京协和医院去世,悲痛万分。

继续作《书画书录解题》条目,编辑《画法要录》二编。

5 月,撰《衢州新志序》一篇。

8 月,西湖博览会聘先生为艺术馆委员,辞未受。

为高野侯绘《梅王阁图》。

作《秋晚》一幅,此图后曾送往莫斯科、柏林、纽约、东京展览,并有影本流传。

9 月,叶恭绰约先生加入中国现代绘画展览会。

作《西溪秋饯图》横幅,作《竹石长卷》,长二丈四尺。

应马叙伦之嘱,与高鱼占合作《溪楼延月图》。

1930 年(民国十九年)　48 岁

继续作《书画书录解题》,编写《画法要录》二编。

叶恭绰、黄宾虹、马公愚、郑曼青等人敦请先生担任上海文艺学院教习,未即允诺。

2 月,为陈叔通题《百梅书屋图》,并书陈《百梅书屋记》一文于该图上。

撰并书《陈孝侯墓志铭》。

1931 年(民国二十年)　49 岁

凡先生 1937 年以前所作之诗俱不存稿,是年存诗一首。

8月，为丁辅之作《兰亭图》。赠书画作品100余件（书87件、画20件）给上海筹募各省水灾急赈会，以所得款全数助赈。

12月，撰并书《郑渭川墓志铭》，凡一千三百余字。

鲁涤平过访，询问治浙方略。12月31日，迁入菩提寺路萱寿里自建新居。

1932年（民国二十一年） 50岁

《书画书录解题》12卷、6册印成出版。题《延景楼》额，楼在金衢庄。书《郑文礼墓志》。

春仲返衢省亲，拨款修家祠乐寿堂，夏初回杭。

8月，书《厉樊榭先生祠堂记》，马叙伦撰文，王福庵篆额。以自临大痴《富春山居图》赠凌士钧。

9月，拟订家谱凡例。9月27日，友人陈哲侯驰书责问先生何以不出山，并谓罗钧任（文干）再三再四相招，俱不应，实在不近人情。

10月，游天童寺、阿育王寺、普陀山等名胜。为陈洵绘《海绡楼填词图》。

11月，为湖北人余毂题《赵松雪夫妇书画合璧》。

12月，赴衢省亲，翌年元月返杭。

1933年（民国二十二年） 51岁

编辑《龙游高阶余氏家谱》。

元月，与东皋雅集社友合作长卷，并题卷后。

为高鱼占画《准园寿苏第二图》并作记一篇（《准园寿苏第一图》1930年陈陶遗绘，马叙伦撰记）。

2月，赴龙游、衢州省亲。龙游吕赋真以镜波公原藏"河图""洛书"两砚归还，为此先生设宴以表答谢。始以"归砚楼"名其斋，并撰《归砚楼记》。

3月，应杭州市政府之聘，为杭州市名胜古迹古物保存会委员。

为王遽达题宋代宫廷画《无款夜景》绢本立轴。为邵裴子作《斅庵图》。

6月，杭州市政府重修保俶塔，先生写《金刚经》《心经》各一卷，交程仰坡置诸塔顶。

7月，书《重修绍兴大禹陵碑》（章太炎撰文，高丰篆额）。

秋，为顾梅羹题《梅道人写竹卷》，为陈众孚题《陈亦禧书卷》，为高鱼占画丈六巨幅松、竹各一幅。

10 月,为郭芸夫画山水 12 页。

11 月,书《蹇季常先生墓表》(林志钧撰文)。

为北平图书馆所编《梁氏饮冰室藏书目录》作序,并题扉页。

1934 年(民国二十三年)　52 岁

作山水长卷,画四季景物,全卷长达四丈,因母亲在旁观其成,历时一月余,甚得天伦之乐,因命名为《归砚楼娱亲图卷》。

3 月,重修《龙游高阶余氏家谱》书成。7 月,在龙游举行谱成告庙典礼。

6 月,出任《东南日报》特种副刊《金石书画》主编。

为余铁山题《沈狮峰山水卷》。

8 月,书《重修杭州西湖岳忠武王庙碑》,王孚川(廷扬)撰文。

为黄节题《李西涯慈恩寺》稿。

9 月 23 日至 11 月 11 日,游济南、天津、北平、南京等地。在京时,为荣宝斋画木刻水印信笺十余页,为卓君庸题《宋仲温书法两种》,为王立生题《张二水画幅》。

12 月,写对联四十余副,以所得润金,全数充作龙游县赈灾之用。

1935 年(民国二十四年)　53 岁

2 月,与于右任在杭州聚丰园相见,一见如故。

3 月初,赴广州,一为祭扫在粤祖茔,二为黄节后事及旅游。在粤时寓黄子静家,子静富收藏,遂得观历代名迹。为黄子静题《王石谷六段横幅》、题《吴墨井长卷》,为何冠五题《黄鹤山樵梧轩图》,又为人题《清湘画册》。又为黄子静作《小画舫斋图》。

绘《罗浮记游》小册页,凡 14 页。又作画赠黄子静等人。

3 月为董康绘《箱根胜揽图》。为谭瑑青绘《聊园填词图》。

4 月底,由粤赴沪,参观故宫运英物品展览会。

为香翰屏题所藏《宋高宗扇册》。为汤定之作墨竹四屏。

5 月游金华北山,复返衢州、龙游省亲。

7 月,为邢震南题《吴小仙山水》,为阮性山题《八大山人画梅》。

10 月,与张暄初(载阳)、袁巽初(思永)、钱士青(文选)等同游天台、方岩等地,归后作《天台双阙图》,并题长跋赠暄初。

1936 年（民国二十五年） 54 岁

春，与王遜达等人游虞山、善卷洞、庚桑洞、无锡等名胜。

9 月，为胡芷香题《应真像卷》。

10 月，撰文并书《郑雪江纪念碑》。

为程仰坡题《西湖保俶塔残经》卷子。为黄子静题《赵松雪书道德经墨迹》《华新罗花鸟卷》。

浙江各府均刻有丛书，而衢州府未刻过丛书。先生因嘱江山毛春翔先将四库著录及存目各书书名录出，以便求访，为衢州刻丛书做好准备工作。旋因战事起，人力物力均缺乏，此举未能兑现。

是年，撰写《续四库全书提要》中的子部艺术类提要（另一位撰稿人为班书阁）。

《汪慎生花鸟册》出版，为题数语代序言。书《孙伯兰墓志铭》并篆盖（陆劼甫撰文）。

12 月，为郭芸夫作松、竹、梅小册 12 页。

1937 年（民国二十六年） 55 岁

3 月，赴南京参加制宪国民大会。为《越风》杂志社《西湖》增刊，画封面《永明妙旨》青绿山水。

4 月，在国立中央大学讲演《国画之气韵问题》。27 日，记录稿刊登在《东南日报》学苑栏上。

5 月，为于安澜所辑《画论丛刊》作序。

7 月 7 日，卢沟桥事变爆发。《金石书画》被迫停刊。中央大学迁校于重庆沙坪坝，校长罗家伦聘先生为该校教授，以母老辞，并以诗代束。

8 月中旬，为避日寇，携眷离开杭州，先到衢州，复到龙游，开始了为时八年的山居生活。

10 月，应阮毅成之请，撰《故浙江省政府委员兼司法厅长阮君墓志》。阮君讳性存，字荀伯，为毅成之父。

11 月，在《战时特刊》上发表《记荷矗抗日之阮荀伯》一文。向龙游县抗敌后援会赠送书画作品多件，以所得款项支援抗日前线。

冬，避居董村七天，复迁居沐尘乡，在此居住多年。

暮冬，老友徐心庵病故柯山，有《哭徐心庵》诗四首。

1938 年(民国二十七年)　56 岁

隐迹湖山,游历永康方岩、缙云仙都、丽水、武义等地,留下不少歌颂祖国大好河山、痛恨日寇入侵的诗篇。

10 月,游龙丘山,归后作《龙丘山感赋》一首,并绘巨幅《龙丘山图》,为平生得意的写实作品。

1939 年(民国二十八年)　57 岁

4 月,被选为浙江省第一届临时参议会议员,后来被推选为副议长。居永康高园村舍。

5 月,为林志钧作二尺墨竹四屏。

8 月,为陈屺怀作松、竹、梅、兰册 12 页。

9 月,与张忍甫、金润泉等人作黄山三日游。

11 月 6 日,浙江省第一届临时参议会举行第二次大会,先生提出拟请省政府设委员会,征集通志、县志材料,以重文献案。

12 月,方岩寿山公园建立"浙江省抗战阵亡将士纪念碑",黄绍竑、陈屺怀撰文,先生书丹。

是年存诗四十余首。

1940 年(民国二十九年)　58 岁

春,应龙游县长周俊甫之请书"宝珠"二大字,并有记。

由于隐居山乡,更多地接触下层民众,看到日寇入侵给人民带来极大的痛苦,于是有《庚辰谣》之作,深刻地反映了人民的疾苦。是年存二十余首。

为吴湖帆画《绿满池塘草图》。

7 月,撰并书《第十集团军抗日阵亡将士纪念碑》。原石在衢州,今已毁。

11 月,浙江省第一届临时参议会第四次大会开幕。先生代表全体参议员致辞,并提出粮食管理方法等四个提案。

12 月,撰并书《胡夫人周氏墓表》,石在龙游。

1941 年(民国三十年)　59 岁

元月,书上年所撰《黄山西海排云亭记》。自作《沐尘岁寒三友图》并题诗其上。为劳挺生画《镇溪楼图》。为贺培心临万年少《秋江别思图》,尽录原题跋并附记此卷源流于所临图上。为袁巽初画《鼎湖峰图》。

2月,为陈叔通绘《听园校书图》。

夏,日寇入侵诸暨,金华震动,省政府临时撤至松阳。先生与阮毅成一起举行战地赈济会。

9月,应阮毅成嘱作新群中学校歌,旋由女教师尤氏谱曲。赴该校讲演,题为《求学之目的与乐趣》。

书《陈炽昌墓表》。

11月,赴龙游战时中学校讲演,书"估量肚皮吃饭,抖擞精神读书"大对联,悬于饭厅。以劫余藏书八千卷赠给龙游县立图书馆,并作诗一首示馆长祝鸿逵。

1942年(民国三十一年) 60岁

日寇入侵浙东,先生自沐尘暂迁遂昌石练,居住近40天。又迁至龙泉住溪,居住了3个月。7月,日寇退出衢属。8月,旅居云和,复返回沐尘。

阮毅成、许绍棣议定成立浙江征集史料委员会,任先生为主任委员,并请先生推荐委员名单。

3月,应黄绍竑之请,为李宗仁、李济深、黄旭初三人各画六尺墨竹一幅。

被选为浙江省第二届临时参议会副议长。

为贺培心临归玄恭《墨竹及越游诗》卷,并录原跋。

1943年(民国三十二年) 61岁

因遁迹云和寄居北乡河坑,有五言杂兴24首之作。秋,被浙江省赈济会推举赴温州旧属各县视察赈务,遂有永嘉、雁荡、瑞安之游。游仙岩寺,观梅雨瀑,作诗一首书后刻于翠微山麓。

8月1日,浙江省通志馆在云和大坪村成立。先生出任馆长(孙延钊任总纂)。

《寒柯堂宋诗集联》五卷付印,书前有壬午自序,后有余重耀、祝子孚两跋。

12月,发表《略评旧浙江通志兼述重修意见》一文。

12月15日,浙江省第二届临时参议会在云和孔庙大成殿举行开幕典礼,先生以副议长代理议长职务致辞,向大会提及三点:(1)促进宪制;(2)纾缓民力;(3)扶植正气。

1944 年(民国三十三年) 62 岁

2 月,以清乾隆旧纸书自作《游龙丘山感赋》长诗一首赠阮毅成。归里省亲,兼巡视旧衢属各县赈灾情况。

3 月,与吕公望、罗霞天、马寅初等人发起征集"阮公荀伯法学奖学金"。

5 月,在《东南日报》上开辟《文献汇刊》专栏,撰发刊题辞并题刊头。该专栏刊登浙江省通志馆有关文献资料,每月 1 日、16 日各出一期。

7 月,丽水沦陷,先生自云和避难至景宁。秋冬之际寇退,复自景宁移归云和南溪乡大坪村白龙山庄。

12 月 18 日,浙江省第二届临时参议会在云和孔庙大成殿举行第三次大会休会典礼,先生以副议长的身份致辞。

1945 年(民国三十四年) 63 岁

正月初,阮毅成邀先生饮酒,因雪阻未能赴约,填词一首赠阮毅成,调寄《烛影摇红·新年大雪》。先生平日不填词,是篇见载于阮毅成《记余绍宋先生》一文。

2 月 15 日,《浙江省通志馆馆刊》创刊,先生撰发刊词并题写封面,此刊共刊出五期。

撰《蒋宰棠先生纪念特辑》小序。

3 月,《读书与修养》一文发表在《胜流》第一卷第五期上。第二届美术节在南平举行美展,先生有松、竹、梅三巨幅参展。

6 月,《啸之初步研究》一文发表在《胜流》第一卷第十二期上。

8 月,日本宣布无条件投降,先生欣喜万分。

9 月,离开云和大坪,居衢州静岩。

10 月,返回杭州居萱寿里。浙江省通志馆迁至杭州北山街"梅庐"办公。

11 月,抗战胜利后首届行政会议在杭举行,先生以副议长身份致辞,提出三点期望:(1)积极扩展救济工作;(2)调整各项税捐;(3)确保地方治安。并勖勉各专员、县长要以父母之心对待民众,"公仆"也须有父母官的态度。同时也强调了保存文献及修浙江通志的重要性。

旧历岁暮,作《烟江叠嶂图卷》,笔墨淋漓,一气呵成,是晚年精心之作。

1946 年（民国三十五年） 64 岁

3 月，《义乌兵事纪略序》一文及《云和大坪闻日本投降口占用杜老闻官军收河南河北韵》诗六首，发表在《浙江省通志馆馆刊》第二卷第一期上。

4 月，省政府主席黄绍竑调离浙江，绘《西泠送别图》相赠，画卷引首邵裴子题字。

撰《浙江文征例议》，发表在 9 月份的《胜流》杂志上。

9 月，浙江省参议会开会，先生被选为参议员。

11 月，《东南日报》刊登先生所作松、梅各一幅。赴南京参加国民代表大会。

1947 年（民国三十六年） 65 岁

4 月，在浙江省参议会第七次会议上，作浙江省通志馆工作报告。

5 月，撰并书《新建温岭地方法院碑记》。

9 月，撰并书《重修魁星阁碑记》，石在江苏省川沙县。国画展览开幕，先生所作松、兰、竹参加展出。

11 月，以社会贤达身份被选为国大代表。

冬以社会贤达身份，参加行宪后第一届中央民意代表选举。

《寒柯堂诗》四卷付梓成书。高鱼占题扉页，陈屺怀、陈叔通、蒋麟振等诗友序跋或贺函。

1948 年（民国三十七年） 66 岁

3 月，赴南京参加第一届国民代表大会第一次会议。

6 月，《重修浙江通志体例纲要及目录》初稿付印，先生为题嵩。同时印就的有《田赋》。

10 月，《东南日报》刊登了《革命元老访问记》，被采访者除先生外，还有吕公望、黄元秀等人。为《东南日报》专栏《每周画刊》题字。

1949 年（民国三十八年） 67 岁

元月 1 日，在杭州礼堂举行美展。先生讲《美展与国防》。

元月，浙江人民促进和平委员会成立，被公推为主任委员。竺可桢、吕公望、金润泉等人任常务委员。

为陈叔通作七尺山水大中堂。为杭州市女青年会发奖作红梅一幅，题为"群芳领袖"。

3月,向新组阁的何应钦面陈二事:(1)金圆券信用破产,新内阁为稳定国内经济,应采取新型措施;(2)士兵待遇太差,亟应尽量提高,副食费亦应由中央统筹,不应加重人民负担。

3月8日,浙江省通志馆停办。

4月,浙江省临时救济委员会成立,吕公望为主任委员,先生及竺可桢等人为常务委员。

6月初,住进浙江病院输血(起初因拔牙出血不止,后谓患胃出血),虽经中西医会诊仍无法治愈,后诊断为败血症。6月下旬,长子翼自衢州来杭省亲。6月30日下午,在杭州萱寿里寓所病逝。

老友林志钧有《哭越园》诗一首,并为撰写《龙游余君墓志铭》。

身后年表

越园先生去世后,浮厝杭州净慈寺,1952年迁葬杭州龙驹坞公墓。1966年,墓碑被红卫兵砸碎。1969年底,龙驹坞公墓改建为药物种植场,不及迁葬,遗骸已被深埋处理。

1950年3月,余翼等兄弟三人将先生所遗寒柯堂藏书一万六千余册、古书画碑帖及自作书画等数百件,悉数无偿捐献给人民政府。9月,省人民政府主席谭震林签署了褒奖状,予以表扬。

1951年8月,龙游县法庭无端将已故两年之久的余先生定为官僚反革命分子,龙游、衢州、杭州房产被没收,自留文物及房屋中的所有物品、用具也全部被没收。

1956年3月,母亲褚太夫人去世,享年95岁。8月,当时浙江省省长沙文汉指示有关部门重新审查"余绍宋反革命案",未果。

1958年,陈叔通出资影印余越园、黄宾虹、宣古愚、汤定之诸人书画册,选印先生书画作品二十余幅,惜印数太少,今已很难见到。

1966年秋,破"四旧"风起,流传于民间的先生大量作品被毁。

1971年11月,阮毅成撰写了《记余绍宋先生》一文,连载于《传记文学》第十八卷第二期至第十九卷第四期,后来收入阮先生所著的《彼岸》一书中(1972年2月台湾传记文学社出版)。

　　1972 年 4 月,台湾商务印书馆再版了先生遗著《寒柯堂诗》。书后附印了《寒柯堂集外诗词》和《寒柯堂文录》。阮毅成撰写了《寒柯堂诗作者余越园先生身世考》《寒柯堂诗跋》二文。马寿华作序,叶公超为封面题字。

　　1974 年,台湾《传记文学》第二十五卷第三期载梁和钧先生在美国撰写的《余庐谈往》一文,副标题为《余(越园)、林(宰平)交谊特述》。

　　1979 年,上海辞书出版社出版的《辞海》"书画书录解题"条目下,介绍作者时误作 1882 年生。

　　1979 年,《书法》杂志影印了先生所作章草一页。

　　1980 年,上海人民美术出版社出版的《中国美术家人名辞典》"余绍宋"条目下,误作 1882 年生于广州。

　　1980 年,台湾中华书局影印出版《书画书录解题》。

　　1982 年 12 月,香港《大成》杂志第 109 期发表了阮毅成撰写的《记余绍宋、溥心畬二先生——回忆两幅有纪念性的名画》一文。

　　1982 年,《中国地方史志》第三期刊登了魏桥撰写的《方志学家余绍宋》一文。

　　1982 年,浙江图书馆光电刻印了先生主修的《重修浙江通志初稿》,共 125 册。

　　1982 年,浙江人民出版社影印出版了《书画书录解题》,版权页不列著者姓名。

　　1983 年,香港《大成》杂志第 121 期载阮毅成撰《余绍宋先生晚年手札——纪念余绍宋先生百年诞辰》及《余绍宋先生身世考》二文,先生遗著《金石书画》发刊词及《编辑余谈》也同时刊出。

　　1983 年,《浙江学刊》第三期载余子安撰《余绍宋与方志学》一文。

　　1983 年 9 月,台湾中华书局影印出版《画法要录》初编、二编。是年,台湾成文出版社影印出版了先生所撰《龙游县志》,并收入"中国地方志丛书"。遗憾的是所收入的《龙游县志》系初稿,仅 4 卷,而完整的 42 卷本却没有收入。

　　1984 年,浙江人民出版社出版洪焕椿编著的《浙江方志考》一书,以较大篇幅评价了先生所撰《龙游县志》及主编的《重修浙江通志初稿》。

　　1984 年,浙江省社会科学研究所(现已改名为浙江省社会科学院)主编的《浙江人物简介》一书中介绍了余绍宋。

1984 年,浙江师范学院历史系光电刻印了民国《龙游县志》。

1984 年 9 月,经邓小平同志办公室批示,有关部门复查,对余绍宋的冤错案予以平反,并落实政策。

1985 年,由刘衍文、唐家仁等人倡议,在中共龙游县委、县人民政府等领导的高度重视和大力支持下,酝酿成立"余绍宋研究学会",印发了《余绍宋研究通讯》第一期,至今已出了七期。

1986 年 2 月,浙江省博物馆在杭州文澜阁举办了"余绍宋作品藏品展览",展出先生书画作品四十余件,藏品二十余件。崔健、刘德昆、崔云溪、戴盟等省委领导参观了展览会,省文化厅副厅长毛昭晰在开幕式上讲话,龙游县委特派代表来杭祝贺。

1986 年 4 月,杭州古旧书店影印出版了《浙江省通志馆馆刊》。

1986 年 11 月,在龙游县举行了"龙游余绍宋研究学会"成立大会。大会收到了北京、上海、杭州等地的学术团体、专家学者发来的贺电、贺信及题词等六十多件。经修复的余绍宋故居被辟为先生平生事迹及作品陈列室。启功先生为陈列室题匾"越园余荫"。会议期间,举办了一次小型余绍宋书画作品展览。前来参加"龙游华岗研究学会"成立大会的林默涵、罗竹风、吴富恒等先生也参观了展览会。

1987 年,《朵云》第 12 期发表黄萍荪《余绍宋其人其事》一文。

1987 年,香港《大成》杂志第 163 期刊载黄萍荪撰写的《余绍宋·空谷兰馨》一文。

1988 年 8 月,魏桥等人合著的《浙江方志源流》一书由浙江人民出版社出版,该书第八章以较大篇幅评价了先生在方志领域的成就。

1988 年,《古今谈》杂志载劳乃强撰写的《余绍宋的避寇和避难诗》一文。

1989 年 5 月,由中国美协、浙江省美协、龙游县文化局联合举办,龙游县政府出资,在北京中国美术馆举办"余绍宋书画遗作展"。龙游县委书记叶继革、宣传部长楼阳生、文化局长张希龙等领导亲赴北京,为书画展做准备工作,县长钱铭为展览请柬题字。参加布展准备工作的还有唐家仁、余子安等人。北京学术界、美术界的知名人士启功、周谷城、董寿平、沈鹏、郁风、谢冰岩、刘正成等先生参观了展览会。方毅、林默涵等领导也参观了展览会。北京美术馆馆长、著名美术雕塑家刘开渠抱病参观了展览会。展览历时六天,在京的龙游乡贤及首都万余名观众参观了展览。

1989 年 5 月 16 日,正值"余绍宋书画遗作展"在京展出时,长子余翼在杭患脑溢血,医治无效不幸逝世,享年 79 岁。

1989 年 10 月,应衢州市博物馆要求,在北京展出的余绍宋书画作品运往衢州,在孔庙展出。

由龙游县政协文史资料委员会编辑、北京团结出版社出版的《余绍宋》一书出版发行。

1990 年 3 月,合并缩印的《画法要录》初编、二编,由北京中国书店出版发行。惜缩印太小,极不实用。

1990 年 9 月,由浙江省政协文史资料委员会编辑、浙江人民出版社出版的《浙江近代学术名人》一书出版发行,书中选入朱馥生所撰《近世学者余绍宋先生》一文。

1993 年《朵云》第一期(总第 36 期)发表郑志《兼治方志与书画艺术的余绍宋》一文,同期载杨汛桥所编的《余绍宋年谱》一篇。杨汛桥所编年谱因所取材料中若干文章有不少失实或时间错误,故影响年谱质量。

1993 年,旧历十月初六为先生诞辰 110 周年纪念日。浙江省博物馆于同年 12 月 22 日举办了"余绍宋先生书画遗作展"以资纪念。同时在该馆举行了"纪念余绍宋先生诞辰 110 周年座谈会",在杭学术界书画界五十余人参加了座谈会。展览会期间,美国汉学家艾思仁适来杭访问。艾思仁精通汉语言文学,并且对先生的《书画书录解题》非常钦佩。艾思仁在杭期间,在余子安、谷辉之、余昊的陪同下,参观了余绍宋遗作展和浙江省博物馆。画展持续至 1994 年元月底。

1994 年,《古今谈》第三、四期合刊,载劳乃强撰写的《余绍宋和阮毅成的交谊》一文。

1995 年 5 月 25 日,《人民日报》海外版载裘樟松撰写的《学问渊博,才艺兼长——余绍宋先生书画展观后》一文。

1996 年 1 月,《古今谈》载劳乃强撰写的《余绍宋和邻竹斋》一文。5月,《北京政协》第五期载劳乃强撰写的《宣南画社传雅韵》一文。

1999 年,余绍宋先生逝世 50 周年。5 月,《中国书法》第五期载《余绍宋专题》,选刊了先生各个时期的书法 17 幅;刘江教授撰《风物澄明新雨后——余绍宋其人其书》,唐家仁先生撰《不废江河万古流——纪念余绍宋先生辞世五十周年》，两文同期刊出。

1999 年 6 月，拙编《余绍宋书画集》由香港翰墨轩出版有限公司出版。但该出版公司未经编者过目，擅自改变编者意图，任意缩放版面，而且加入该社自藏的余氏作品六幅，其中二幅为赝品，另二幅为应酬品，影响该书的质量。

2001 年初，浙江省社会科学院组织编撰"浙江文化名人传记丛书"。余绍宋以方志学家、书画理论家入选。

2003 年 2 月，福建海峡文艺出版社出版了余昊所著《学者书画家余绍宋》，约 3 万多字，80 余幅图片。虽然余绍宋并非海派画家，但也列入"从海派到现代大师丛书"系列。余昊是余绍宋曾孙女，系浙江省博物馆馆员。

2003 年 12 月，北京图书馆出版社出版了《余绍宋日记》，仅存 1917—1942 年的日记，每部精装本 10 册，同时还出版了拙编《余绍宋书画论丛》一书。

录自余子安著，浙江人民出版社 2006 年 4 月版《亭亭寒柯——余绍宋传》。余子安，生于 1941 年，余绍宋长孙。高中毕业后进工厂工作，"文化大革命"后进浙江图书馆古籍部工作。20 世纪 80 年代中期被聘为浙江省文物鉴定委员会委员至今。退休前任浙江图书馆研究馆员、古籍部主任。编著有《浙江图书馆馆藏书画选》《余绍宋书画集》《余绍宋书画论丛》等。自幼喜书画、篆刻，作品被收录《浙江篆刻选》《浙江书法篆刻选》《世界美术集·华人卷》等书。

图书在版编目（CIP）数据

余绍宋研究. 第一辑 / 刘恩聪编. —杭州：浙江
工商大学出版社，2020.12
（龙游文库.2019）
ISBN 978-7-5178-4212-5

Ⅰ．①余… Ⅱ．①刘… Ⅲ．①余绍宋－人物研究
Ⅳ．①K825.72

中国版本图书馆 CIP 数据核字（2020）第 259524 号

余绍宋研究（第一辑）
YUSHAOSONGYANJIU（DIYIJI）
刘恩聪 编

责任编辑	沈明珠
封面设计	天　昊
责任印制	包建辉
出版发行	浙江工商大学出版社
	（杭州市教工路 198 号　邮政编码 310012）
	（E-mail:zjgsupress@163.com）
	（网址:http://www.zjgsupress.com）
	电话:0571-88904980,88831806(传真)
排　　版	杭州天昊文化艺术有限公司
印　　刷	浙江千叶印刷有限公司
开　　本	710mm×1000mm　1/16
印　　张	128
字　　数	1860 千
版 印 次	2020 年 12 月第 1 版　2020 年 12 月第 1 次印刷
书　　号	ISBN 978-7-5178-4212-5
定　　价	298.00 元（全九册）